聚焦重要概念的生物学单元教学研究丛书
丛书主编　周初霞

聚焦重要概念的生物学单元教学课例研究

稳态与调节

周初霞　石秀芹　傅建利　全刚　周玲　陈钢　著

浙江科学技术出版社

版权所有　侵权必究

图书在版编目（CIP）数据

聚焦重要概念的生物学单元教学课例研究.稳态与调节/周初霞等著.—杭州：浙江科学技术出版社，2022.10

（聚焦重要概念的生物学单元教学研究丛书/周初霞主编）

ISBN 978-7-5739-0102-6

Ⅰ.①聚…　Ⅱ.①周…　Ⅲ.①生物课—教学研究—高中　Ⅳ.①G633.912

中国版本图书馆CIP数据核字（2022）第147502号

丛　书　名	聚焦重要概念的生物学单元教学研究丛书
本册书名	聚焦重要概念的生物学单元教学课例研究　稳态与调节
丛书主编	周初霞
著　　者	周初霞　石秀芹　傅建利　全刚　周玲　陈钢
出版发行	浙江科学技术出版社
	杭州市体育场路347号　邮政编码：310006
	办公室电话：0571-85176593
	销售部电话：0571-85176040
	网　　址：www.zkpress.com
	E-mail：zkpress@zkpress.com
排　　版	杭州大漠照排印刷有限公司
印　　刷	杭州高腾印务有限公司
开　　本	787 mm×1092 mm　1/16　　印　张　9.5
字　　数	230 000
版　　次	2022年10月第1版　　　　　印　次　2022年10月第1次印刷
书　　号	ISBN 978-7-5739-0102-6　　定　价　58.80元

责任编辑　陈潇潇　曹梦洁　　　责任美编　金　晖
责任校对　陈中威　　　　　　　责任印务　崔文红

丛书总序

基础教育改革已经进入内涵发展的新时代。本次课程改革系统而全面地建构了核心素养的教育理念，从学生发展素养，到体现各学科特点的学科核心素养，再到根据学科核心素养发展水平和相应内容研制的学业质量标准，可以说从学理上完成了对核心素养这一理念的建构。现如今，怎样基于核心素养的发展要求实现课堂教学的根本转型，已成为每位基础教育工作者需要回答的命题。

"创新"是浙江精神的关键词，浙江省的课程改革一直走在全国的前列。浙江省教育厅教研室的教研员们更是以智慧和勇气矢志改革、锐意探索，掀开了浙江省基础教育崭新的一页。浙江省高中生物学学科教研员、特级教师周初霞老师就是一个很好的典范。她领衔的团队针对一线教师普遍关注而又感到困惑的关键问题，如：什么是大概念，为什么要聚焦大概念，如何开展基于大概念的单元整体教学，从理论和实践层面进行了大胆探索，并组织编著了"聚焦重要概念的生物学单元教学研究丛书"。

本丛书不仅反映了他们在课堂改革道路上所做的种种努力与探索，记录了他们在课程改革中坚持不懈的心路历程，更为学科育人找到了一个正确的打开方式。细细读来，多有启示。

一是着眼素养为本的课程理念，诠释并演绎了教学范式。核心素养是育人目标，学科核心素养则是学科育人目标的具体化。学科核心素养的本质是学科思维，经验化和结构化的"大概念"或"大观念"是理解的锚点，是学科思维的支撑点。据此，周初霞老师的团队聚焦生物学重要概念探索单元整体教学，开展了"教学设计""课例研究"和"范式研究"三个系列的研究，并将研究成果以丛书的形式呈现给读者。其中"教学设计"系列，从重要概念的视角重构了教科书中的单元学习主题，探索了核心素养导向的单元整体教学设计框架。本系列是研究的雏形。"课例研究"系列，从聚焦重要概念的视角进行了单元教学的课堂实践。结合具体课例，研究单元重要概念的解构、学习目标的制订、学习情境的创设、学习活动的设计、学习评价的实施等操作指南。本系列是理论走向实践的行动改进。"范式研究"系列，提炼了"境脉架构模式""五构概念教学法"等聚焦重要概念的单元整体教学范式。本系列是研究的理论发展。

二是立足学科育人的基本内涵，探索并创新了思维课堂。核心素养的发展要以学习方式的转变为关键，而学习方式的改变核心是思维方式的改变。中国工程院院士钱旭红认为:"能力增长不仅仅靠知识,而更靠运行知识的逻辑——思维是否足够自由多样。单靠知识改变不了命运,改变命运需要用思维架构起知识,从而支撑起有高度和强度的人生大厦。思维晋级是最好的学习和成长。"因此,周初霞老师的团队立足学科思维的课堂转型,努力指向学习方式转变,基于"情境—问题—任务—活动—评价"的学习主线,引导学生从被动学习走向主动学习。在研究方法上,他们注重实证性的课例研究,通过观课、录课、评课、磨课、改课,努力提升课堂的教学效益。在研讨与交流中,他们经历了情感的交融、思维的碰撞、观念的转变、理念的提升。

三是借助教育科研的演进机制,丰富并发展了单元整体教学的理论内涵。他们将理论紧密联系实际,在教学中研究,在研究中行动,在行动中反思,在反思中丰富理论。在研究视域上,他们既立足单元整体教学实践,又探索"单元"与"课时"的有效衔接,既具有整体视野又微观深入。他们注重局部的深度研究,通过"目标与评价""情境与问题""活动与评价"等视角,探索将生物学学科核心素养落实在课堂教学中的理论范式。经过近六年的研究与实践,他们提出"创设单元境脉,统领课时学习""应用'五构概念'教学法,确保课时聚焦单元"等衔接路径,帮助学生形成"整体感知—部分剖析—整体反思"的思维方式,改善传统课时教学中存在的学习碎片化和浅表化的现象,注重学科整体组织化、结构化知识的建构,从浅层学习走向深度学习。同时,他们的研究还破解了从概念教学到观念培育的瓶颈。在理论层面,厘清了生命观念的内涵、外延及形成的路径;在实践层面,建构了行为导向的生命观念培育模式,为教师培育生命观念提供了支架。基于此,他们总结形成了高中生物学"一脉三维五构"单元整体教学理论体系,丰富了整体教学理论内涵。

综观本丛书,理论、实践、案例相互交织,有机融合,层次分明。世界是整体的,万物在一个整体的世界中有序地生长。本丛书契合了整体发展的世界观。周初霞老师及其团队的单元整体教学研究成果,已在浙江省高中生物学教学实践中全面铺开,并向全国推广。我们期待着他们能坚守教育初心,不懈努力,取得更加丰硕的、能把发展核心素养这一蓝图变为现实的成果。

是为序。

浙江省教育厅教研室主任

教育部基础教育教学指导委员会委员　任学宝

浙江省特级教师协会副会长兼秘书长

2021 年 4 月于杭州

前　言

新课程改革，课堂转型是关键。指向学科核心素养的课堂教学如何转型？如何使学科核心素养在课堂教学中真正落地？这是广大教师最为关心的问题，也是新课程改革最为艰巨的关键问题。

落实核心素养需要从"课时"教学转向"单元整体"教学，因为单元整体教学是以落实生物学重要概念所承载的学科核心素养为导向。单元整体教学有利于培育学生的学科核心素养，契合了学科核心素养的形成不是一蹴而就的，而是需要一个较长的过程才能形成这一特点；有助于教师突破"只见树木不见森林"的课时思维，转变教师只注重零散知识点落实的传统课堂教学理念，帮助教师从"长时段"整体筹划学科教学，注重学科整体组织化、结构化知识的建构，从而实现从"教师的教"转变成"学生的学"，从学习"知识"转向发展"素养"，从学科"教学"转向学科"教育"。

我们开展了"聚焦生物学重要概念的单元整体教学研究与实践"。在研究过程中，我们深刻体会到宏观的课程理念只有与微观的真实课堂结合起来才有丰富的生命活力，否则"课程标准""核心素养"只会是"空中楼阁"。因此，我们针对教学中的"真实问题—对策—行动—反思"开展了课例研究。

我们从独立的课时备课走向集体的整体备课。整体备课从以下"四个层面"展开：一是课程（课程标准）层面，分析生物学学科观点、核心素养以及模块间的逻辑关系；二是模块层面，分析模块教学内容，列出模块体现的学科观点与大概念；三是单元层面，以重要概念为主题，设计由单元目标、真实学习情境、核心问题、评价方法等组成的单元课程；四是课时层面，思考本节课的核心问题，围绕次位概念组织教学，为单元重要概念的形成做出"贡献"。参与四个层面整体备课的教师认为收获丰厚。例如，课题组成员嘉善高级中学王红梅老师基于子课题研究，依托名师工作室，开展了区域性、主题化的整体备课，并实施了上课与磨课、反思与调整、再上课与反思等环节的课例实践。参与整体备课的一位年轻教师深有体会地说，这样的一个主题单元教学研究，比他一年的教学工作收获还大。

我们在深入研究《普通高中生物学课程标准（2017年版2020年修订）》（简称"课程标准"）和《普通高中教科书·生物学　选择性必修1　稳态与调节》的基础上，重构了五个重要概念为本模块的单元教学主题。本书涉及的重要概念具有学科属性，它是以高中生物学作为研究范畴，以爱利克·埃里克森重要概念界定为基点，结合课程标准，指处于生物学学科中心地位，对生命基本规律、现象、理论等的理解和解释，对一般生物学事实和概念具有高度概括性，相互联结构成生物学学科骨架的概念性知识。

基于这五个重要概念的单元整体教学课例研究，我们从"单元整体""概念教学""核心素养"等视角进行了立体式的探索与实践，建构了聚焦重要概念的单元教学"操作指南"，撰写了本书。首先，我们从整体上对单元目标、教学策略、教学评估进行设计，包括单元教学分析、单元概念解构、单元目标、单元教学思路等内容。然后，我们进行了课时教学实践，并呈现给读者"课时教学实例"。具体栏目的解读如下：

"单元教学分析"结合课程标准和教科书等教学资源，深入解读本单元概念教学内容，并厘清其在模块中以及跨模块学习中的地位。同时对学生学习本单元重要概念的"前概念"知识、认知特点和规律等因素进行了分析。

"单元概念解构"以本单元重要概念为中心，分析重要概念的上、下位概念和相关平行概念之间的关系，并建构框架图。这是学生学习本单元的"锚点"。

"单元目标"包括"学习目标"和"评价目标"。"学习目标"聚焦单元重要概念的建构，引导、帮助学生发展科学思维等学科核心素养。目标的表述包含行为主体、行为动词、行为条件、行为标准等要素。"评价目标"指向学科核心素养四个维度的不同水平，评估学生在真实性任务中的不同表现。评价目标与教学目标保持一致，以落实"教—学—评"的一致。

"单元教学思路"是基于单元整体学习情境和核心任务设计的本单元课时教学"情境—任务—活动—评价"等规划。这是学生学习本单元的"学习图谱"。

"课时教学实例"主要包括课时概念解析、课堂教学实录（为帮助读者观看与研讨，随书配有视频二维码）及专业点评、教学反思与总体评析等内容。

本书最大的亮点是读者在阅读的同时能观看教学实录，读者可以凭借自己的判断，取其中有理、有用之处，充分关注其中存在的问题，借此反思当下的单元整体教学实践——共性的和个体的、表象的和深层的方面，最终使单元整体教学的"操作支架"得到重新整合，重构单元整体教学的意义，进而改进自己的实践，让自身受益，更让我们的学生受益。

在课例开发过程中，我们得到了多方领导、校长、专家和教师的大力支持，在此深表感谢！

诚然，聚焦重要概念的单元整体教学是一个常研常新的重要课题，我们旨在抛砖引玉，引发广大教师对这一重要课题的深入思考与探索。由于作者水平有限，书中存在不足之处在所难免，敬请读者不吝赐教。

周初霞
2022 年 5 月于杭州

目　录

单元 1　机体细胞通过内环境与外界环境进行物质交换，并通过自动调节维持其稳态 …………… 1

一、单元教学分析 ………………………………………………………………………… 1

二、单元概念解构 ………………………………………………………………………… 1

三、单元目标 ……………………………………………………………………………… 2

四、单元教学思路 ………………………………………………………………………… 3

五、课时教学实例 ………………………………………………………………………… 5

　　课时 1　细胞外液是人体细胞生活的内环境 ………………………………………… 5

　　课时 2　细胞通过内环境与外界环境进行物质交换 ……………………………… 10

　　课时 3　内环境为细胞提供相对稳定的生存条件 ………………………………… 15

　　课时 4　内环境的稳态保障正常生命活动 ………………………………………… 20

单元 2　神经系统通过调控各器官、系统的活动维持机体稳态 ………………………… 24

一、单元教学分析 ……………………………………………………………………… 24

二、单元概念解构 ……………………………………………………………………… 24

三、单元目标 …………………………………………………………………………… 25

四、单元教学思路 ……………………………………………………………………… 26

五、课时教学实例 ……………………………………………………………………… 28

　　课时 1　神经细胞是神经系统的基本单位 ………………………………………… 28

　　课时 2　神经细胞受到刺激后能产生动作电位，并以电信号的形式传导 …… 33

课时3　神经冲动在突触处的传递通常通过化学传递方式完成 …………… 41
　　课时4　反射是神经活动的基本形式 ……………………………………… 49
　　课时5　人体通过神经调节对刺激做出反应 ……………………………… 53

单元3　内分泌系统通过多种激素的调节作用实现机体稳态 …………… 60

一、单元教学分析 …………………………………………………………………… 60
二、单元概念解构 …………………………………………………………………… 60
三、单元目标 ………………………………………………………………………… 61
四、单元教学思路 …………………………………………………………………… 62
五、课时教学实例 …………………………………………………………………… 64
　　课时1　人体内分泌系统分泌的各类激素参与生命活动的调节 ………… 64
　　课时2　激素通过分级调节、反馈调节等机制维持机体的稳态 ………… 68
　　课时3、4　激素调节身体的多种机能，维持稳态和调节生长发育 ……… 73
　　课时5　体液调节与神经调节相互协调维持稳态 ………………………… 82

单元4　免疫系统能够抵御病原体的侵袭 …………………………………… 88

一、单元教学分析 …………………………………………………………………… 88
二、单元概念解构 …………………………………………………………………… 88
三、单元目标 ………………………………………………………………………… 89
四、单元教学思路 …………………………………………………………………… 90
五、课时教学实例 …………………………………………………………………… 92
　　课时1　免疫系统识别"自己"和"非己" ………………………………… 92
　　课时2　人体通过非特异性免疫对抗病原体 ……………………………… 96
　　课时3、4　人体通过特异性免疫对抗病原体 …………………………… 101
　　课时5　免疫功能异常可能引发疾病——艾滋病 ……………………… 108

单元 5　植物生命活动主要受植物激素的调节 ·············· 113

一、单元教学分析 ·············· 113

二、单元概念解构 ·············· 113

三、单元目标 ·············· 114

四、单元教学思路 ·············· 115

五、课时教学实例 ·············· 117

　　课时 1、2　科学家经过不断的探索，发现了植物生长素，并揭示了
　　　　　　　它的作用特点 ·············· 117

　　课时 3　不同植物激素可共同实现对植物生命活动的调节 ·············· 125

　　课时 4　植物激素及其类似物在生产上得到了广泛的应用 ·············· 132

　　课时 5　光、重力和温度等环境因素参与植物生命活动的调节 ·············· 136

主要参考文献 ·············· 141

单元 1

机体细胞通过内环境与外界环境进行物质交换，并通过自动调节维持其稳态

专家解读

 一、单元教学分析

本单元是《普通高中教科书·生物学 选择性必修 1 稳态与调节》（简称"选择性必修 1 模块"）的开篇，具有统领全书的作用。学生通过本单元的学习，能初步了解稳态调节的机制，明确稳态的含义，理解稳态的意义。组织液、血浆、淋巴等细胞外液共同构成了细胞赖以生存的内环境，机体细胞通过内环境间接地与外界发生物质交换。呼吸、消化、循环和泌尿等系统参与内、外环境的物质交换。内环境的理化因子，如渗透压、酸碱度、温度、血糖和氧气浓度，会在一定的范围内上下波动，以满足细胞代谢的需要。内环境理化因子的任何变化都会引发机体的自动调节，调节作用能使机体内部环境保持相对稳定的状态。人体的内环境稳态是依靠神经－体液－免疫调节机制来实现的。

通过《普通高中教科书·生物学 必修 1 分子与细胞》（简称"必修 1 模块"）的学习，学生已经建构了"细胞是生物体结构与生命活动的基本单位"和"细胞的生存需要能量和营养物质"这两个重要概念，已经初步形成了结构与功能观、物质与能量观等生命观念，但在稳态与平衡观方面较为薄弱。通过必修模块的学习，学生已基本掌握归纳与概括、模型与建模、演绎与推理等科学思维方法，但在运用系统分析的思维方法解释生活中常见生理现象等方面比较薄弱，对于健康生活方式对维持人体内环境稳态和疾病预防的意义等的认识不足。

 二、单元概念解构

本单元聚焦《普通高中生物学课程标准（2017 年版 2020 年修订）》（简称"课程标准"）中的重要概念"内环境为机体细胞提供适宜的生存环境，机体细胞通过内环境与外界环境进行物质交换"。该重要概念是在"血浆、组织液和淋巴等细胞外液共同构成高等动物细胞赖以生存的内环境""机体细胞生活在内环境中，通过内环境与外界环境进行物质交换，同时也参与内环境的形成和维持""机体通过呼吸、消化、循环和泌尿等系统参与内、外环境间的物质交换""机体通过调节作用保持内环境的相对稳定，以保证机体的正常生命活动""机体不同器官、系统协调统一地共同完成各项生命活动，是维持内环境稳态的基础"

5个次位概念的基础上建构的，共同支撑大概念"生命个体的结构与功能相适应，各结构协调统一共同完成复杂的生命活动，并通过一定的调节机制保持稳态"的建构。本单元聚焦的重要概念是在"细胞各部分结构既分工又合作，共同执行细胞的各项生命活动""物质通过被动运输、主动运输等方式进出细胞，以维持细胞的正常代谢活动"等重要概念的基础上形成的，并可支持"神经系统能够及时感知机体内、外环境的变化，并做出反应调控各器官、系统的活动，实现机体稳态""内分泌系统产生的多种类型的激素，通过体液传送而发挥调节作用，实现机体稳态""免疫系统能够抵御病原体的侵袭，识别并清除机体内衰老、死亡或异常的细胞，实现机体稳态"等重要概念的学习。这些概念之间的关系如图1-1所示。

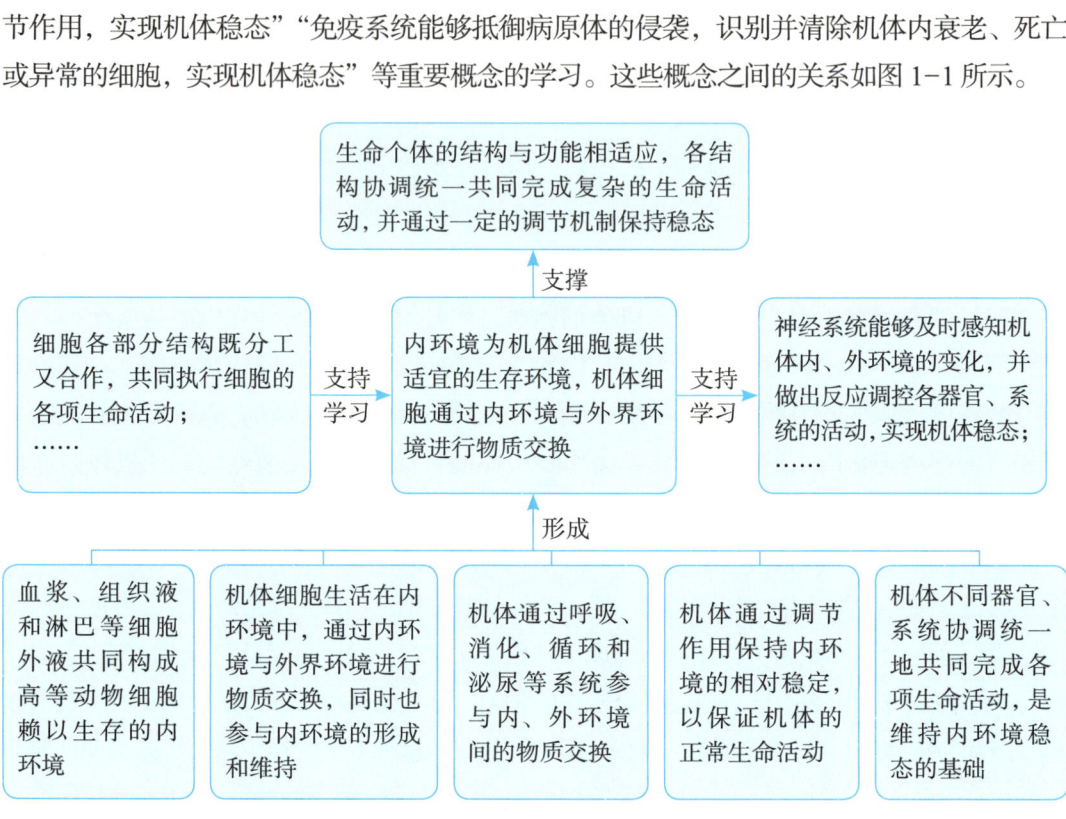

图1-1 单元1相关概念间的关系

三、单元目标

（一）学习目标

1. 通过比较人体内不同部位细胞所生活的液体环境，说明血浆、组织液和淋巴等细胞外液共同构成机体细胞赖以生存的内环境，发展结构与功能观、稳态与平衡观。

2. 通过绘制概念图解释"细胞通过内环境与外界环境进行物质交换"这一概念，运用归纳与概括等方法概述机体通过呼吸、消化、循环、泌尿等系统参与内、外环境间的物质交换，总结内环境的稳态及其意义。

3. 通过"探究血浆对 pH 变化的调节作用"活动，阐明内环境中的理化因子能在一定范围内保持相对稳定的状态；通过设计实验结果记录表和基于数据的实验分析，发展实验设计和数据处理等科学探究能力。

4. 运用归纳与概括的方法阐明机体能通过调节作用保持内环境的稳态；通过"稳态失调病例分析"活动，发展分析和解决实际问题的能力，崇尚健康的生活方式。

（二）评价目标

1. 在学完"血浆、组织液和淋巴等细胞外液共同构成机体细胞赖以生存的内环境"后，能在新的情境中，以结构与功能观、稳态与平衡观为指导，分析机体细胞生活的内环境类型。需要具备生命观念的三级水平。

2. 在完成"绘制概念图解释'细胞通过内环境与外界环境进行物质交换'"活动后，能运用归纳与概括的科学思维方法概述机体通过呼吸、消化、循环、泌尿等系统参与内、外环境间的物质交换。需要具备科学思维的二级水平。

3. 在完成"探究血浆对 pH 变化的调节作用"活动后，能针对特定情境提出可探究的生物学问题，能基于实验数据运用多种方法记录和分析实验结果，得出合理的结论。需要具备科学探究的三级水平。

4. 在完成"病例分析"活动后，能基于给定的病例，利用所学知识分析病因，接受健康文明的生活建议，养成健康的生活习惯。需要具备社会责任的二级水平。

四、单元教学思路

（一）单元情境

由于南京禄口机场管理上的疏漏，2021 年 7 月，南京暴发了第二轮新冠肺炎疫情，7 月 21 日至 24 日四天时间内确诊了 150 多人，南京市委、市政府紧急召集医务人员连夜对 600 多万市民开展三轮核酸检测，争取在最短时间内阻断疫情传播链。

（二）核心问题

在较高环境温度下，医务人员自身通过调节活动保证了体内细胞生活的温度条件相对稳定。人体细胞直接生活的环境是怎样的？这个环境是如何维持相对稳定的？

（三）教学流程

以支撑本单元重要概念所需的次位概念为课时学习主题，课时教学以问题、任务、活动与评价为主线展开。本单元分为 4 个课时，教学流程如图 1-2 所示。

重要概念	内环境为机体细胞提供适宜的生存环境，机体细胞通过内环境与外界环境进行物质交换			
次位概念	血浆、组织液和淋巴等细胞外液共同构成高等动物细胞赖以生存的内环境（课时1）	机体细胞生活在内环境中，通过内环境与外界环境进行物质交换，同时也参与内环境的形成和维持；机体通过呼吸、消化、循环和泌尿等系统参与内、外环境间的物质交换（课时2）	机体通过调节作用保持内环境的相对稳定，以保证机体的正常生命活动（课时3）	机体不同器官、系统协调统一地共同完成各项生命活动，是维持内环境稳态的基础（课时4）
问题	人体细胞生活在怎样的环境中？	细胞如何与外界环境进行物质交换？	内环境为细胞提供了怎样的生存条件？	如何通过调节实现内环境的稳态？
任务	探索人体细胞生活的内环境；探索血浆、组织液和淋巴的转化关系	探索外界环境与组织细胞物质交换的途径；绘制概念图解释"细胞通过内环境与外界环境进行物质交换"	探究血浆对pH变化的调节作用；探索正常人的体温变化和血糖浓度变化	分析稳态失调的病例；构建单元概念图
活动	观看"人体血液分层实验"的视频，描述血细胞生活的内环境；小组合作分析化验单，归纳总结血浆的成分，举例说明血浆成分的来源、去路及其作用；解读人体细胞及内环境示意图，绘制组织液、血浆和淋巴的关系图	解读细胞通过内环境与外界环境进行物质交换的示意图；讨论并描述血浆、组织液和淋巴中营养物质和氧气的来源及代谢废物的去路；绘制概念图解释"细胞通过内环境与外界环境进行物质交换"	小组合作制订"探究血浆对pH变化的调节作用"活动的设计思路，绘制实验结果记录表，完成实验过程，处理实验结果；课堂上即时测量体温并记录，分析体温变化规律；观看教师测量血糖浓度的视频，描述血糖浓度的变化情况	分析失温症的原因；课前收集并分析稳态失调病例，制作相关的健康宣传小报；以小组为单位合作构建单元概念图，并进行组间评价和交流
评价	判断组织细胞、吞噬细胞、淋巴细胞、毛细血管管壁细胞等人体细胞的内环境；比较组织液、血浆和淋巴的化学组成	利用评价量表对概念图进行组内自评和组间互评；讨论空气中的氧气到达组织细胞被利用的路线	组间互评实验操作是否科学和规范；交流评价实验思路和表格设计的科学性、坐标曲线的规范性和正确性	通过分析病例和制作宣传小报，养成健康的饮食习惯；利用评价量表对概念图进行组内自评和组间互评

图1-2　单元1教学流程

单元1　机体细胞通过内环境与外界环境进行物质交换，并通过自动调节维持其稳态

五、课时教学实例

课时1　细胞外液是人体细胞生活的内环境

（一）课时概念解析

本课时的概念为"血浆、组织液和淋巴等细胞外液共同构成高等动物细胞赖以生存的内环境"，该概念的建构需要以下基本概念或证据的支持：

1. 组织液、血浆、淋巴等细胞外液构成细胞生存的内环境。
2. 组织液、血浆与淋巴的成分可以相互转化。

（二）课堂实录

教学环节	课　堂　实　录	专业点评
创设单元情境，提出核心问题	创设情境　播放南京市关于新冠肺炎疫情防控的新闻发布会照片，以及医务人员身穿防护服检测核酸的照片。 由于南京禄口机场管理上的疏漏，2021年7月，南京暴发了第二轮新冠肺炎疫情，7月21日至24日这四天时间内确诊了150多人。南京市委、市政府紧急召集医务人员连夜对600多万市民开展三轮核酸检测，争取在最短时间内阻断疫情传播链。于是，南京街头就出现了这样一幕：在40℃左右的高温天气下，医务人员穿着密不透风的防护服接待每一位检测者，一天要重复千万次相同的动作，从清晨到深夜，汗流浃背，甚至中暑晕倒。虽然环境温度很高，但医务人员自身可以通过调节活动保证体内细胞生活的温度相对稳定。 核心问题　人体细胞生活在怎样的环境中？	单元情境与社会热点紧密联系，具有丰富、生动、形象的特点，让学生具有身临其境的体验。
任务1：探索人体细胞生活的液体环境	呈现资料　变形虫模式图和水螅的照片（图1-3）。 图1-3　变形虫（左）和水螅 提出问题　变形虫、水螅分别生活在哪里？它们怎样与外界环境进行物质交换？	创设情境，初构概念——细胞生活在液体环境中。

5

续 表

教学环节	课 堂 实 录	专业点评
任务1：探索人体细胞生活的液体环境	交流评价　师生概括：单细胞生物和简单多细胞动物的细胞直接与外界环境进行物质交换。 链接情境　一位医务人员的机体约由10^{14}个细胞组成，每个细胞都是一个相对独立的生命单位。这些细胞生活在怎样的环境中？ 呈现资料　"人体血液分层实验"的视频。 提出问题　血液、血浆和血细胞三者之间的关系是怎样的？ 交流评价　要求学生能正确表述：血液由血细胞、血浆组成，血浆是血细胞生活的液体环境。 呈现资料　人体血浆成分检验报告单。 提出问题　血浆的化学成分主要包括哪些？ 学生活动　小组合作分析化验单，对血浆的成分进行归类总结，选择其中几种成分举例说明成分的来源、去路及其作用。 交流评价　组内交流，组间互评。师生概括血浆的化学成分：血浆中绝大部分是蛋白质，还有无机盐、单糖和氨基酸等营养物质，N_2、O_2和CO_2等气体，激素和代谢产生的废物等。 呈现资料　人体细胞及内环境示意图（图1-4）。 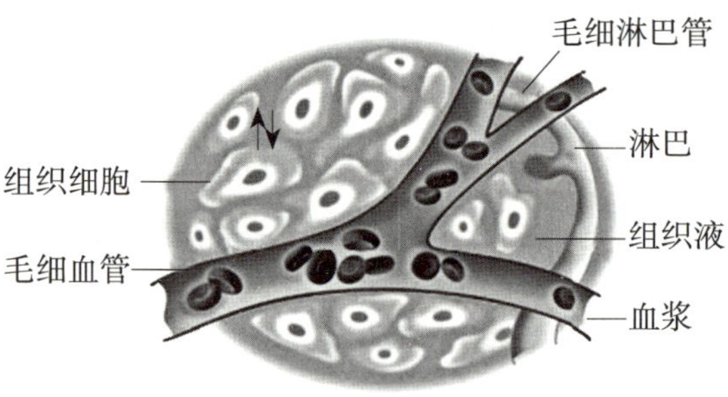 图1-4　人体细胞及内环境示意图 提出问题　图1-4中有哪些细胞？这些细胞生活的液体环境分别是什么？细胞通过什么结构与生活环境完成物质交换？ 学生活动　对图1-4中细胞生活的液体环境加以判断，并列表说明（表1-1）。 表1-1　部分人体细胞生活的液体环境 	人体细胞	血细胞	淋巴细胞、吞噬细胞	毛细血管管壁细胞	毛细淋巴管管壁细胞	肝脏细胞
---	---	---	---	---	---
液体环境	血浆	淋巴或血浆	血浆和组织液	淋巴和组织液	组织液		学生通过对真实报告的分析概括出血浆的主要成分，发展了归纳与概括的科学思维方法；通过举例说明血浆化学成分的来源和去路，体悟了稳态与平衡观。 活动论证，重构概念。

续 表

教学环节	课 堂 实 录	专业点评
任务1：探索人体细胞生活的液体环境	**交流评价** ① 评价各小组列举的细胞种类是否齐全，对细胞所处的液体环境的判断是否准确。学生容易遗漏毛细血管管壁细胞和毛细淋巴管管壁细胞，忘记淋巴细胞和吞噬细胞也可以生活在血浆中这一内容。 ② 描述人体细胞与它生活的液体环境是通过细胞膜完成物质交换的。师生通过分析引出细胞外液、内环境和体液，共同建构次位概念"细胞外液是人体细胞生活的内环境"，并构建概念关系图（图1-5）。 体液 ┤ 细胞内液（2/3） 　　 └ 细胞外液（1/3） ┤ 血浆 　　　　　　　　　　　　　组织液 ├ 内环境 　　　　　　　　　　　　　淋巴 图1-5　体液相关概念关系图	不断的质疑和修正可以发展学生的批判性思维和创造性思维。 整合建模，架构概念。教师将次位概念进行结构化整合，帮助学生从概念走向概念化。
任务2：探索血浆、组织液、淋巴的关系	**链接情境**　展示医务人员脸部的压痕和水疱。为更好地保护自己，医务人员的口罩必须戴得紧密严实。因此，医务人员的脸上大多会留下又红又深的压痕，有的甚至起了水疱。休息一段时间后，水疱会自然消失。 **呈现资料**　人体细胞及内环境示意图（图1-4）和人体血液循环图（图1-6）。 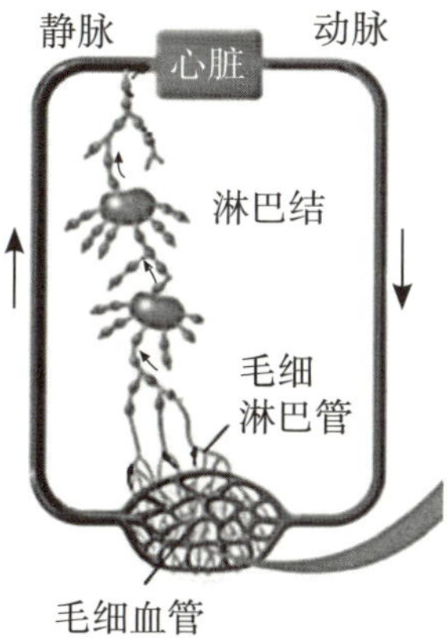 图1-6　人体血液循环图 **提出问题**　血浆、组织液和淋巴的成分可以相互转化吗？它们之间是怎样转化的？ **学生活动**　解读图1-4和图1-6中的箭头方向，描述血浆、组	活动论证，重构概念。教师借助情境支架引导学生主动完成了学习体系的构建，同时也学习了推理和演绎的思维方法，探讨和解决了实际问题。

教学环节	课 堂 实 录	专业点评
任务2：探索血浆、组织液、淋巴的关系	织液、淋巴之间的转化关系，并绘制关系图（图1-7）。 血浆 ⇄ 组织液 → 淋巴 图1-7 血浆、组织液、淋巴之间的关系 **交流评价** 评价关系图是否合理。学生易在关系图中错加组织细胞和组织液之间的关系，教师需要特别指出这一点。 **提出问题** 淋巴与组织液为什么不能双向交换？ **交流评价** 组内交流，得出：毛细淋巴管以膨大的盲端起始于组织间隙，内皮细胞的边缘像瓦片，形成向管腔内开启的单向活动瓣膜，阻止淋巴回流入组织液。 **提出问题** 血浆和组织液的化学组成有区别吗？ **交流评价** 师生概括：血浆和组织液隔着毛细血管管壁，血浆沿着动脉到达毛细血管后，水、葡萄糖、氨基酸和气体等物质可以通过毛细血管壁从血浆进入组织液，而红细胞和血浆蛋白等则不能通过毛细血管壁，因此血浆中的蛋白质含量远大于组织液中的含量。	整合建模，架构概念。学生可以基于问题解决，发展批判性思维和创造性思维，进一步形成结构与功能观。 迁移拓展，创构概念。
概念应用，交流评价	**关联情境** 医务人员在高温酷暑下工作时常常会汗流浃背，工作时也常常会有喜怒哀乐各种情绪。 **提出问题** 汗液、消化液、尿液、泪液等液体是否属于内环境？ **交流评价** 组内交流，得出：这些液体都不属于内环境，因为它们都被分泌到了外界环境中。 **提出问题** 消化酶、ATP合成酶、载体蛋白、血红蛋白、K^+、尿素是否属于内环境成分？ **交流评价** 组内交流，得出：消化酶不属于内环境成分，因为它是被分泌到消化道中起催化作用的；ATP合成酶、血红蛋白不属于内环境成分，因为它是在细胞内起作用的；载体蛋白不属于内环境成分，因为它在细胞膜上；K^+、尿素属于内环境成分。	关联单元情境，落实社会责任核心素养。每一位学生都参与了个人与社会事务的讨论，并做出了理性解释和判断，发展了分析和解决实际问题的能力。

（三）教学反思

  本课时的亮点主要体现在两个方面：一是注重自主建构概念。学生借助实验视频，直观感受血液的组成，建构基本概念"血浆是血细胞生活的液体环境"；通过解读教科书中的"人体细胞及内环境示意图"，了解其他人体细胞生活的液体环境，进而建构次位概念"血浆、组织液和淋巴等细胞外液共同构成高等动物细胞赖以生存的内环境"。二是注重基于问题解决的主动学习。"淋巴与组织液为什么不能双向交换""血浆和组织液的化学组成有区别吗"我以相互关联的、进阶的问题驱动学生的学习进程，引导学生开展探究学习，运用归纳与概括等科学思维方法理解"组织液、血浆和淋巴之间可以相互转化"的概念。

本课时存在的不足之处：一是情境呈现方式单一，基本以图片为主，这容易导致学生视觉疲劳。二是我对课堂中动态生成的资源没有及时挖掘、加工和强化。本课时有较多的动态生成，例如，在"探索人体细胞生活的液体环境"活动中，学生因不清楚淋巴细胞是白细胞的一种而对淋巴细胞生活的内环境的判断产生偏差。我因时间紧张而仓促结课，没有抓住时机有效引导学生探索白细胞的分类。

（四）总体评析

本课时是本单元整体教学的第一课时，具有搭建整体内容框架的作用，教学主线明晰。教师以新冠肺炎疫情这一社会热点为情境，让学生在真实情境中开展概念建构活动，发展了学生的生物学学科核心素养。本课时的教学设计和课堂实施表现出以下特点：

1. 情境支撑，激发探究热情。

生物学学科核心素养的发展离不开情境的支撑，真实、生动的情境不仅能受到学生的喜爱，更能激起学生的探究欲望，促进课堂教学的深入开展。教师依托境脉开展问题分析与探究活动，帮助学生理解"血浆、组织液和淋巴等细胞外液共同构成高等动物细胞赖以生存的内环境"次位概念。其次，教师在境脉中渗透了情感态度与价值观，引导学生成为有社会责任感、有担当的青少年，有效发展了学生的生物学学科核心素养。

2. 合作学习，主动建构概念。

小组合作学习更能突出学生的主体地位，提升学生主动参与的意识。在学习任务下达后，小组成员按各自能力与专长分工合作，每个成员都积极参与了学习活动，集思广益，各抒己见，人人都尽其所能。借助"人体血液分层实验"的视频，初构概念"细胞生活在液体环境中"；通过合作解读"人体细胞及内环境示意图"，架构"血浆、组织液和淋巴等细胞外液共同构成高等动物细胞赖以生存的内环境"概念；通过构建体液相关概念关系图，架构"细胞外液是人体细胞生活的内环境"概念。在建构概念的过程中，学生学会了归纳与概括等方法，探讨和解决了实际问题，认同了生命系统的开放性和动态平衡。

3. 主线引领，促进深度学习。

教师设计了"情境—任务—问题—活动—评价"教学主线，通过创设情境、设计问题激发学生的学习动力，让学生带着挑战任务或有思维深度的问题主动参与活动，深入探究，经历体验、探索和发现知识的过程，同时伴随着评价和反思，进行深度学习。本课时最后的交流评价关联单元情境，从情境中来，到情境中去，教师落实了社会责任核心素养的发展，让每一位学生都参与了个人与社会事务的讨论，并做出了理性解释和判断，从而发展了解决实际问题的能力。

4. 改进建议。

在问题串的引领下，从简单到复杂，层层递进，学生主动、有序地完成概念建构。但因教师将复杂的观点拆解成了简单、零碎的知识性问题而使本课时的问题过多、过细，比较浅显，课堂中也没能引发学生真正地质疑和讨论。教师较多地提出"是什么"的问题，学生习惯性地被告知"做什么""怎么做"，课堂上很少有学生主动质疑。建议教师整合零散的问题，通过开展组内、组间的交流评价，让学生在不断地修正和质疑中建构本课时的概念。这样，学生会更主动，课堂也会有更多的生成，学生的学科核心素养也能更好地得到发展。

（本课时由浙江省新昌中学石秀芹老师和王芳老师设计，由石秀芹老师执教）

课时2 细胞通过内环境与外界环境进行物质交换

（一）课时概念解析

本课时的概念为"机体细胞生活在内环境中，通过内环境与外界环境进行物质交换，同时也参与内环境的形成和维持""机体通过呼吸、消化、循环和泌尿等系统参与内、外环境间的物质交换"，这两个概念的建构需要以下基本概念或证据的支持：

1. 营养物质、O_2 通过内环境到达组织细胞，细胞代谢产生的废物通过内环境排出体外。

2. 呼吸、消化、循环、泌尿等系统参与内、外环境间的物质交换。

（二）课堂实录

教学环节	课 堂 实 录	专业点评
关联单元情境，提出核心问题	创设情境　呈现医务人员就餐的照片。 为确保核酸检测工作高效有序地进行，医务人员的工作时长常常超过 10 h，所以他们在穿上防护服之前要吃很多的食物以保证机体的能量需求。每一个细胞要进行正常的代谢就必须要与外界环境进行物质交换，获得营养物质和 O_2，同时排出代谢废物。 核心问题　细胞如何与外界环境进行物质交换？	教师基于单元情境创设课时情境，围绕情境提出核心问题，引导学生进行探究。

教学环节	课 堂 实 录	专业点评
任务1：探索人体细胞与外界环境进行物质交换的途径	**呈现资料** 人体细胞及内环境示意图（图1-4）。 **提出问题** ① 人体内的各种细胞能否直接从外界获得营养物质和O_2？血细胞、组织细胞以及淋巴管中的细胞分别从哪里获取营养物质和O_2？ ② 人体细胞产生的代谢废物能否直接被排到外界环境中？血细胞、组织细胞以及淋巴管中的细胞产生的代谢废物会被直接排到哪里？ **学生活动** 针对上述问题展开讨论，小组合作绘制内环境与细胞的关系图。 **交流评价** ① 运用文字、箭头表示内环境与细胞的关系（图1-8），开展组内交流，组间互评。 图1-8 内环境与细胞的关系 ② 描述：血细胞、组织细胞、淋巴管中的细胞分别从血浆、组织液、淋巴中直接获取营养物质和O_2，它们产生的代谢废物也直接被排到相应的内环境中。 **呈现资料** 教科书图1-5"细胞通过内环境与外界环境进行物质交换"。 **提出问题** ① 血浆、组织液、淋巴等内环境中的营养物质和O_2从哪里来？ ② 血浆、组织液、淋巴等内环境中的代谢废物如何被排出体外？ ③ 为保证每个细胞对物质和能量的需求，人体需要通过哪些系统与外界环境进行物质交换？ **学生活动** 讨论血浆、组织液、淋巴中的营养物质和O_2的来源及代谢废物的去路，并用术语或简短的语言描述。 **交流评价** 各小组交流讨论结果，开展组间评价、修正： 食物中的营养物质通过消化系统进入血浆，吸入的O_2通过呼吸系统进入血浆。血浆中的CO_2通过呼吸系统被排到外界环境中，代谢废物通过泌尿系统被排到体外。组织液中的O_2和营养物质来自血浆，CO_2和代谢废物被排到血浆和淋巴中。淋巴中的O_2和营养物质来自组织液，CO_2和代谢废物被排到血浆中。	转换信息并用图示表征这些信息，可以帮助学生发展归纳与概括等科学思维方法，并提升解决实际问题的能力。通过问题引领、科学论证，学生逐步建构了"细胞与内环境进行物质交换"概念，发展了归纳与概括、演绎与推理等科学思维方法，提升了科学探究能力，理解了科学本质。 学生利用教科书示意图整合信息，完成"稳态的维持是依靠调节作用和各个器官系统的协调活动而实现"概念的建构，理解了生命系统的整体性，发展了逻辑思维和整体性思维。

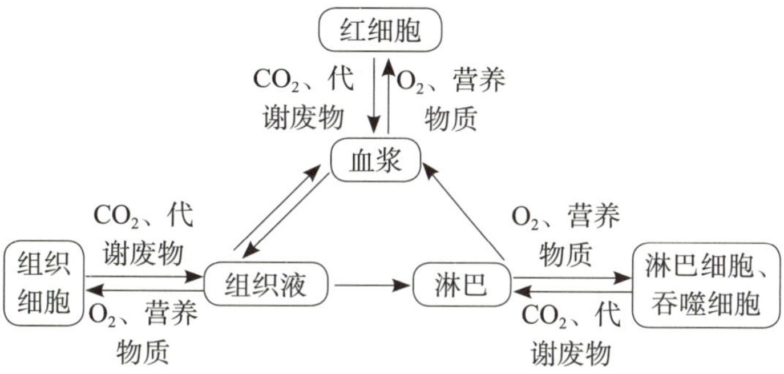

续表

教学环节	课 堂 实 录	专业点评
任务1：探索人体细胞与外界环境进行物质交换的途径	教师提问 ① 为什么称血浆是内环境中最活跃的部分？ ② 内环境的作用是什么？ 交流评价　各小组交流讨论结果，开展组间评价、修正： ① 大部分细胞通过细胞膜直接与细胞外液进行物质交换，同时组织液要通过毛细血管管壁与血浆进行物质交换。血浆在全身血管中不断流动，通过各器官和系统与外界进行物质交换。 ② 内环境是细胞与外界环境进行物质交换的媒介。	
任务2：构建概念图解释"细胞通过内环境与外界环境进行物质交换"	过渡　人体通过呼吸、消化、循环、泌尿等系统，与外界环境进行物质交换，以保证每个细胞对物质和能量的需求。这一过程涉及两个基本概念：① 细胞外液是人体细胞生活的内环境。② 细胞通过内环境与外界环境进行物质交换。 学生活动　用概念图表示"细胞外液是人体细胞生活的内环境"。 交流评价　教师引导学生完成"头脑风暴""区分概念层级""建立联系"三个阶段的任务，构建概念图： 头脑风暴：尽可能多地用术语或简短的语言描述与"细胞外液是人体细胞生活的内环境"相关的术语、事实和观点等内容，如淋巴细胞、细胞外液、内环境、组织液、红细胞、肌细胞、淋巴、血浆。 区分概念层级：对术语进行分类，将最重要的术语放在中心位置。尝试对这些术语进行分类，并有层次地对这些术语进行排列。重要的术语再分出几个相关联的术语，如： 层级1——细胞外液、内环境； 层级2——血浆、淋巴、组织液； 层级3——淋巴细胞、红细胞、肌细胞。 建立联系：将所有的术语用方框或者圆圈圈起来，用带箭头的连线建立两个术语之间的联系（图1-9）。 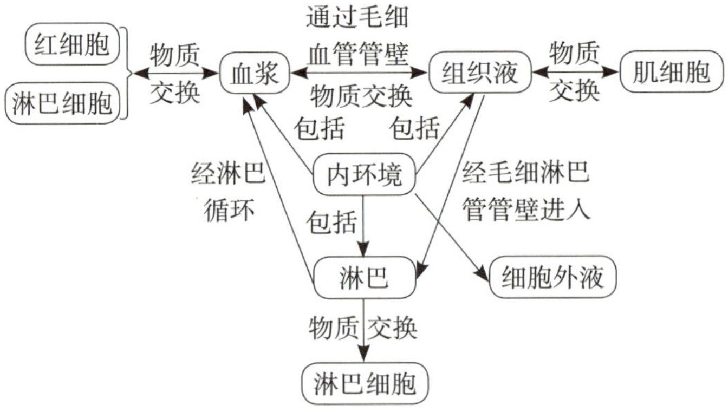 图1-9　"细胞外液是人体细胞生活的内环境"概念图	自主构建概念图有助于学生进一步理解"机体细胞通过内环境与外界环境实现物质交换"的概念，认同生命的开放性和整体性。

教学环节	课 堂 实 录	专业点评
任务2：构建概念图解释"细胞通过内环境与外界环境进行物质交换"	**学生活动**　小组合作，用概念图表示"细胞通过内环境与外界环境进行物质交换"。考评员根据相应评价量表中的评价对象进行打分。 **交流评价** ① 成果展示：考评员亮分，所有小组展示概念图，组间观摩。教师选取1～2个小组展示和讲解，其他小组修正或质疑，并从科学性和规范性的维度进行评析。 某个小组构建的概念图如图1-10所示。 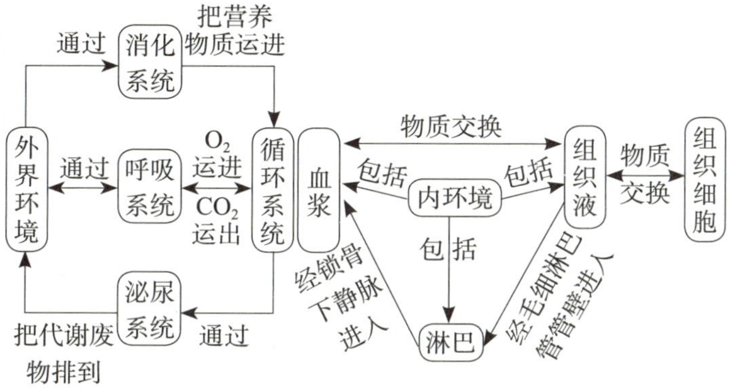 图1-10　"细胞通过内环境与外界环境进行物质交换"概念图 ② 师生活动：对各个小组的整体情况进行点评，指出各个小组的优缺点，指明概念图在学习中的重要作用。	评价量表可以帮助学生有效地开展自评和互评。
概念应用，交流评价	**关联情境**　为更好地保护自己，医务人员必须将口罩戴得紧密严实。请描述图1-11中，O_2从外界环境进入医务人员组织细胞线粒体所经过的路线。 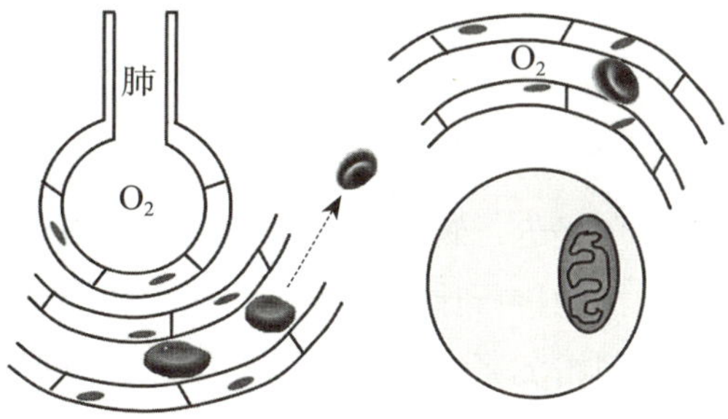 图1-11　O_2从外界环境进入组织细胞线粒体 **学生活动**　小组讨论后利用示意图辅助分析，阐述O_2从外界环境进入组织细胞线粒体所经过的路线。	关联单元情境和课时情境，教师通过讨论、绘图等多种形式的活动加深了学生对概念"机体细胞通过内环境进行物质交换"的理解，同时，也提升了学生的社会责任感。

（三）教学反思

本课时的亮点主要体现在两个方面：一是利用真实的任务情境生成问题，促进深度学习。在核心问题"细胞如何与外界环境进行物质交换"的引领下，我提出了一系列有层次的子问题，引导学生通过阅读教科书、解读图片和交流讨论等开展有目的、有方向的合作和探究。二是通过构建概念图，发展科学思维，促进知识结构化。"头脑风暴""区分概念层级""建立联系"三个阶段的活动不仅将一个个概念"锚点"连成"线"、构成"面"，也让学生领会了基本概念之间、基本概念与次位概念之间的逻辑关系，使概念整体化、结构化，也使学生在活动中发展了归纳与概括、建模与论证等科学思维方法。

本课时存在的不足之处：学生的活动时间不够，思考讨论不足，没有充分挖掘概念与概念之间的联系，对概念的理解不够深入，小组合作绘制的概念图也不够详实。评价概念图的环节虽然对话形式多样，有生本对话、生生对话，师生对话，但真正有机会参与展示的小组和阐述自己观点的学生还是少数。学生的迷思概念没有及时被发现和纠正，影响了学生思维的沉淀和深入。

（四）总体评析

本课时重点解决了"细胞如何与外界环境进行物质交换"这一核心问题。教师以境脉为依托，引领学生探究问题，在探究中促进学生思维的发展；同时，引导学生以概念图的形式对前面两个课时的概念进行整合，实现了对概念的深度理解。本课时的教学设计和课堂实施表现出以下特点：

1. 核心问题引领，促进概念有机建构。

本课时以问题促探究，以探究促思维，以此引导学生探索细胞与外界环境进行物质交换和内环境维持稳态的过程，使得本课时各个次位概念的学习有了依托且发生了关联，有利于重要概念"机体通过内环境与外界环境进行物质交换，并通过自动调节维持其稳态"的有机建构。

2. 概念图架构，发展生命观念和科学探究。

在"细胞通过内环境与外界环境进行物质交换"概念图的构建活动中，教师引导学生表达所学的概念，并且将相关概念进行比较、辨析，从而领会基本概念和基本概念之间、基本概念和次位概念之间的逻辑关系，使得概念整体化和结构化。活动的开展，既有利于学生发展结构与功能观，又能帮助学生实现概念的自主建构和深度理解，发展运用模型表达生物学概念的能力。

3. 真实情境感悟，提升社会责任感。

本课时展现了医务工作者的艰苦付出，教师在没有说教的情况下，让学生感受到医务工作者的真善美,建立起为他人服务的信念,从而提升了概念学习的价值。学生自己体验感悟,如此德育,真正做到了深入人心。

4. 改进建议。

本课时的教学方式比较传统,教师基于经验评价学生的作品也比较低效、不精准。建议教师应用人工智能设备开展教学活动,记录教学过程,收集课堂数据,并且及时引导学生反思,增强学生在课堂学习中的互动性和合作性。

（本课时由浙江省新昌中学石秀芹老师和王芳老师设计,由石秀芹老师执教）

课时3 内环境为细胞提供相对稳定的生存条件

课堂实录

（一）课时概念解析

本课时的概念为"机体通过调节作用保持内环境的相对稳定,以保证机体的正常生命活动",该概念的建构需要以下基本概念或证据的支持:

1. 血浆对 pH 变化有调节作用。
2. 机体会通过调节作用维持体温和血糖浓度的稳定。

（二）课堂实录

教学环节	课 堂 实 录	专业点评
关联单元情境,提出核心问题	创设情境 为确保核酸检测工作高效有序地进行,医务人员的工作时长常常超过 10 h,所以他们在穿上防护服之前要吃很多的食物以保证机体的能量需求。 核心问题 内环境为细胞提供了怎样的生存条件?	教师基于单元情境创设课时情境,提出核心问题,引导学生带着真实问题去探究。
任务1:探究血浆对pH变化的调节作用	呈现资料 各种酸性或碱性食物的照片。 过渡 我们每天会进食各种各样的食物,这些食物有酸性的也有碱性的。那么这些食物会不会影响体液的 pH? 提出问题 ① 如何探究血浆对 pH 变化有无调节作用? ② 如何探究血浆调节 pH 能力的大小? ③ 如何探究血浆调节 pH 的机制? 学生活动 小组合作制订实验思路,并用简洁的语言将实验思路记录在任务单上。	讨论、交流、整合和修正可以发展学生的逻辑分析能力、实验设计能力等科学探究能力。

教学环节	课 堂 实 录	专业点评
任务1：探究血浆对pH变化的调节作用	交流评价　分享小组合作的结果，开展组间评价并修正。教师综合学生的思路，给出完善的实验步骤。 某个小组制订的实验思路： 问题①的探究方案：取适量且等量的血浆和清水，血浆分为A、B两组，清水分为C、D两组，测溶液pH。测完后，A、C两组分别滴入适量且等量的HCl溶液，B、D两组分别滴入适量且等量的NaOH溶液，摇匀后再测溶液pH。比较和分析实验结果，从而判断血浆有无调节作用。 问题②的探究方案：向适量的血浆中依次滴入5滴、10滴、15滴、20滴的同一浓度的HCl溶液（或NaOH溶液），每次滴入并摇匀后，测溶液pH并记录。 问题③的探究方案：在适量且等量的血浆和缓冲液中分别滴入相同滴数的HCl溶液（或NaOH溶液），测定滴入前后溶液的pH并记录。 某个小组修正后的实验步骤如图1-12所示。 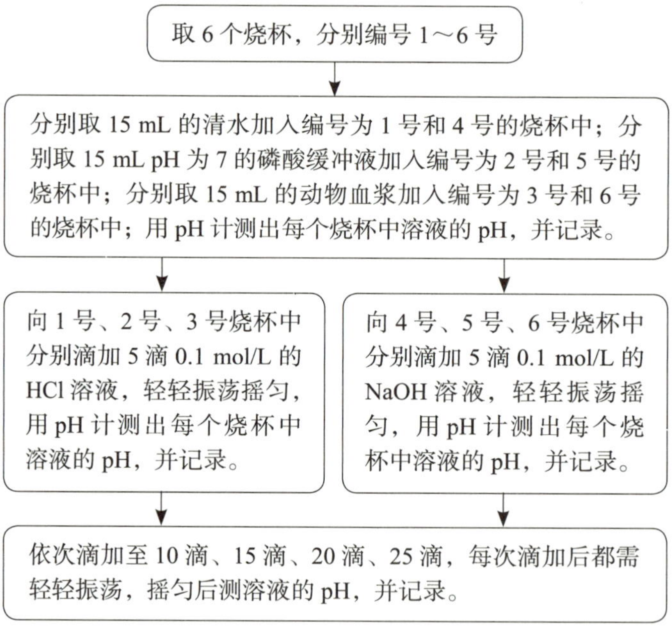 取6个烧杯，分别编号1～6号 分别取15 mL的清水加入编号为1号和4号的烧杯中；分别取15 mL pH为7的磷酸缓冲液加入编号为2号和5号的烧杯中；分别取15 mL的动物血浆加入编号为3号和6号的烧杯中；用pH计测出每个烧杯中溶液的pH，并记录。 向1号、2号、3号烧杯中分别滴加5滴0.1 mol/L的HCl溶液，轻轻振荡摇匀，用pH计测出每个烧杯中溶液的pH，并记录。　　向4号、5号、6号烧杯中分别滴加5滴0.1 mol/L的NaOH溶液，轻轻振荡摇匀，用pH计测出每个烧杯中溶液的pH，并记录。 依次滴加至10滴、15滴、20滴、25滴，每次滴加后都需轻轻振荡，摇匀后测溶液的pH，并记录。 图1-12　"探究血浆对pH变化的调节机制"实验步骤 提出问题　本实验测得的数据较多，设计怎样的表格可使记录的结果更直观、更清晰？ 学生活动　根据实验步骤，合作完成实验结果记录表的绘制。 交流评价　组内交流，组间互评，展示设计得较为完善的实验结果记录表（表1-2）。师生归纳记录表的规范性问题。	

教学环节	课 堂 实 录	专业点评
任务 1：探究血浆对pH变化的调节作用	表 1-2 "探究血浆对 pH 变化的调节作用"实验结果记录表 | 缓冲物质	0.1 mol/L HCl 的滴数 / 滴						0.1 mol/L NaOH 的滴数 / 滴					
---	---	---	---	---	---	---	---	---	---	---	---	---
	5	10	15	20	25	30	5	10	15	20	25	30
清水												
缓冲液												
血浆												| **过渡** 通过前面的合作学习，我们已经明确了实验的操作步骤，也完成了实验结果记录表的设计。那么，血浆对 pH 到底有没有调节作用呢？这需要我们自己动手实验进行探究。 **学生活动** ① 实验操作：按设计的实验步骤合作完成实验，考评员依据实验评价量表对相应小组的操作进行评价。 ② 数据处理：分别绘制 HCl 溶液的滴数和 NaOH 溶液的滴数与溶液 pH 变化的关系图。 ③ 结果分析：比较分析清水、缓冲液、血浆对 pH 变化的调节作用，最后得出结论。 **交流评价** ① 考评员公布对各个小组的打分情况。 ② 各个小组展示绘制的关系图，其中某一小组的关系图如图 1-13、图 1-14 所示。分析实验结果，开展组间评价和修正。 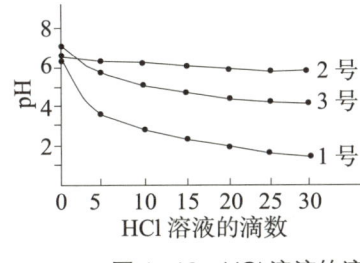 1 号：清水 +HCl 溶液 2 号：缓冲液 +HCl 溶液 3 号：血浆 +HCl 溶液 图 1-13 HCl 溶液的滴数与溶液 pH 的关系 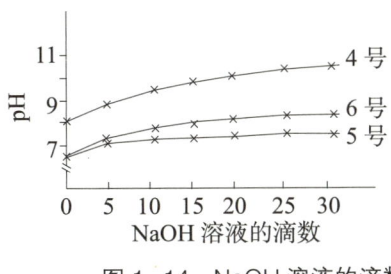 4 号：清水 +NaOH 溶液 5 号：缓冲液 +NaOH 溶液 6 号：血浆 +NaOH 溶液 图 1-14 NaOH 溶液的滴数与溶液 pH 的关系	实验的探究和分析可以发展学生的实践能力、解决问题的能力和分析实验结果的能力，还可以发展学生的科学思维。

续　表

教学环节	课　堂　实　录	专业点评
任务1：探究血浆对pH变化的调节作用	③ 比较后得出实验结论： 血浆与缓冲液具有调节作用，因为清水组的pH变化与这两组的相差较大。 血浆的调节能力稍弱于缓冲液的调节能力，但两者相差不大。 血浆对pH变化的调节机制可能是血浆中的一些缓冲对发挥着调节作用。 某小组的困惑　血浆中有很多复杂的物质，而缓冲液中只有一些化学物质，因此血浆调节pH变化的效果应该会比缓冲液的好。但实验结果是缓冲液的缓冲效果明显好于血浆的。 组间解惑　可能的原因有： ① 该小组的操作不规范，存在一些问题。如滴加的溶液不等量、血浆和缓冲液的初始量不相等。 ② 缓冲液的调节能力可能比血浆的强，这与两者的用量和浓度等都有关系。 ③ 不同动物血浆的调节能力可能不同。 ④ 不同缓冲液的调节能力可能不同。 交流评价　组内交流，得出结论： ① 血浆对pH变化有调节作用，能使溶液pH保持相对稳定，略偏碱性。 ② 血浆调节pH的能力是有限的，在一定的范围内，血浆既能抗酸又能抗碱。 ③ 血浆pH能保持相对稳定，与血浆中存在大量的缓冲对有关，如缓冲对H_2CO_3和$NaHCO_3$。	
任务2：探索正常人的体温变化和血糖浓度变化	呈现资料　医务人员在高温下进行核酸采样的照片。 提出问题　持续在高温下工作的医务人员，其体温是不是恒定不变？正常人一天的体温是否会有所变化？变化的范围是大还是小？ 学生活动　各个小组分别测量每位组员的体温并记录。展示同学课前测量的各个时间点的体温，分析体温变化规律。 交流评价　组内交流，得出结论：机体内部环境的温度并不是固定不变的，会在37℃左右波动。体温波动与人体活动有一定的关系，如在运动后体温会稍稍高一些。 某个小组的分享：在吃饭、运动之后，体温会略微升高，但基本在37℃左右波动。本组组员体温普遍偏高，其原因可能是本课时思维量较大、组员较为兴奋等。 提出问题　血糖浓度也能维持相对稳定吗？ 呈现资料　"执教教师连续三天测空腹血糖浓度"视频。 学生活动　观看视频，描述血糖浓度的变化情况。 交流评价　组内交流，得出结论：血糖浓度并不是固定不变的，会在一定范围内波动。进一步思考、类比、分析后得出：内环境中的各种理化特性并不是固定不变的，而是处于一种动态变化的、相对稳定的状态。	学生通过观看教师测量血糖浓度的视频，认同"血糖浓度并不是固定不变的，是在一定范围内波动的"这一事实，发展稳态与平衡观。

续 表

教学环节	课 堂 实 录	专业点评
总结归纳，聚焦概念	交流评价　师生交流、总结：内环境的血糖浓度、温度、pH、渗透压等理化特性都处于稳定的动态平衡中。动物体通过调节作用使得机体内部环境保持相对稳定的状态称为稳态。稳态并不意味着固定不变，而是指一种可变的却又相对稳定的状态。如人的体温在37℃左右、血浆的pH为7.35～7.45、血糖的浓度为80～120 mg/dL。 细胞代谢是由多种多样的酶催化的化学反应。这些酶促反应的顺利进行，需要合适的温度、适宜的pH、一定的离子浓度和底物浓度等条件，内环境的稳态是细胞正常生存的必要条件。	

（三）教学反思

本课时的亮点主要体现在：以源于生活的情境架构境脉，针对不同内容、任务设计不同的教学策略和学习活动。我利用"探究血浆对pH变化的调节作用"活动引导学生进行实验设计、方案实施以及对结果的交流和讨论等，充分发展了学生的科学思维和科学探究能力，初步达成了对"机体通过调节作用保持内环境的相对稳定，以保证机体的正常生命活动"这一次位概念的理解。测量自己的体温和观看教师测量血糖浓度的视频这两个活动给学生提供了最真实的数据资料，增强了学生对生物学现象的好奇心和求知欲，提高了学生的实践能力。学生积极参与本课时的所有活动，学习热情高涨，课堂的动态生成也很丰富。

本课时存在的不足之处：没有及时挖掘课堂的动态生成。如：在学生完成实验思路和实验结果记录表的设计后，我没有及时归纳和总结方法；对实验操作中滴加NaOH溶液和HCl溶液的目的没有加以分析；在比较血浆和缓冲液的调节能力时，我虽然引导学生对困惑进行了分析和解释，但没有及时引出缓冲物质调节pH变化的相关机理。

（四）总体评析

本课时侧重发展学生的科学思维和科学探究能力，以"情境—任务—活动—评价"为主线开展教学，以多元化的评价方式增强学生的探究原动力，帮助学生在建构概念的同时，发展生物学学科核心素养。本课时的教学设计和课堂实施表现出以下特点：

1. 主线化的情境，激发探究欲望。

本课时关联"新冠肺炎疫情"这一社会热点情境，创设课时情境。整个课时始终围绕课时情境展开，教师通过实验活动引导学生探究血浆对 pH 变化的调节作用、探究正常人的体温变化和血糖浓度变化等，帮助学生建构概念。主线化的情境使得本课时教学内容紧凑，有整体感。

2. 多样化的活动，发展科学探究能力。

本课时的活动形式多样，学生参与度高。在"探究血浆对 pH 变化的调节作用"活动中，学生能基于给定的条件，设计并实施实验方案，运用数学方法分析实验结果。在组间交流评价时，学生有效内化了大量的事实性知识。在"探究正常人的体温变化和血糖浓度变化"活动中，学生以自己记录的数据、教师测量血糖浓度的视频为材料展开讨论，在交流评价的过程中内化了事实性知识，形成了概念，在一定程度上掌握了科学探究的基本思路和方法，发展了科学探究能力。

3. 多元化的评价，增强探究原动力。

评价是教学过程中不可或缺的重要环节，也是教师了解教学过程、调控教与学行为、提高教学质量的重要手段。教师依据评价内容和评价对象采用不同的评价方式，如教师评价、生生自评、生生互评等，并且科学分析评价结果并及时反馈以提高评价的时效性，增强了学生的探究积极性和主动性，激发了学生的潜能，促进其生物学学科核心素养的发展。

4. 改进建议。

本课时始终以"教师提出问题，学生围绕问题探究"的方式开展活动，缺乏一定的开放性。建议在"探究血浆对 pH 变化的调节作用"活动中，教师先提出问题"血浆对 pH 变化有无调节作用"，然后提问"针对血浆对 pH 变化的调节，我们还可以探究哪些问题"，再让学生通过讨论自己提出并设计"探究血浆调节 pH 变化的能力大小""探究血浆调节 pH 的机制"活动，这样能更好地发展学生的创造性思维和实践能力。

（本课时由浙江省新昌中学吴仓丽老师和王梦姣老师设计，由吴仓丽老师执教）

课时 4 内环境的稳态保障正常生命活动

（一）课时概念解析

本课时的概念为"机体不同器官、系统协调统一地共同完成各项生命活动，以维持内环境稳态"，该概念的建构需要以下基本概念或证据的支持：

1. 各器官系统协调统一，共同维持内环境的稳态。

2. 稳态失调会导致细胞代谢紊乱甚至发生疾病。

（二）课堂实录

教学环节	课 堂 实 录	专业点评
关联单元情境，提出核心问题	创设情境　医务人员穿着厚重且密不透风的防护服，在40℃的高温下连续工作了6个多小时，随时面临着中暑的危险。那么，他们的内环境稳态会失调吗？内环境偏离正常范围时，机体会出现什么情况？ 核心问题　如何通过调节实现内环境的稳态？ 过渡　通过前面的学习，我们知道了人体内环境中的各种理化因子如pH、温度、血糖浓度、渗透压等都能保持相对稳定，医务人员的内环境稳态保证了他们能正常地进行抗疫工作。	教师在单元情境的统领下创设课时情境，提出核心问题，学生联系生活经验和原有认知进行判断和解释。
任务1：分析稳态失调的病例	呈现资料　视频：甘肃省某地举办了一场山地马拉松比赛，视频中个别运动员出现了失温症。 提出问题 ①失温症是由于机体内环境中的哪一个理化因子发生了变化？ ②失温症的发生与哪些器官有关？ ③失温症的发生与哪些系统有关？ ④人体维持体温稳定是依靠什么调节机制来实现的？ 学生活动　基于以上4个问题分析失温症，并把讨论结果记录在小组活动记录单上。 交流评价　小组讨论、总结： ①失温症的发生主要是因为内环境中的温度这一理化因子偏离了正常范围。 ②失温症的发生与皮肤、大脑、甲状腺、血管等组织、器官有关。 ③调节体温稳定主要需要神经系统和内分泌系统的参与。 ④体温调节机制是神经-体液调节。 过渡　生活中稳态失调的病例有很多。请同学们从以下4个方面分享课前收集的稳态失调病例： ①病人内环境中的哪些理化因子发生了变化？ ②病情的发生与哪些器官和系统有关？ ③病情涉及的理化因子主要依靠什么调节机制来维持稳定？ ④为预防病情发生或缓解病情，你的建议是什么？ 学生活动　分析稳态失调的病例，并将小组讨论的结果记录在小组活动记录单上。分享制作的健康宣传小报。 交流评价　分享小组合作成果，相互交流学习，学生介绍了糖尿病、中暑等疾病的情况。	情境与学生的经验相冲突，启发了学生的思维。病例的分析可以帮助学生形成健康的生活方式，形成关注社会热点、解决真实问题的观念。
任务2：构建本单元的概念图	过渡　医务人员体内的细胞通过内环境与外界环境进行物质交换，并通过自动调节维持其稳态。 提出问题　人体细胞与内环境、稳态之间有怎样的联系？ 学生活动　以小组为单位合作构建单元概念图，并进行组间交流。某个小组构建的单元概念图如图1-15所示。	学生在整合概念的过程中进一步发展了逻辑思维，理解了归纳与概括、模型与建模等方法。

续 表

教学环节	课 堂 实 录	专业点评
任务2：构建本单元的概念图	图1-15 本单元的概念图 **交流评价** 分享小组构建的概念图，开展组间评价并修正、补充：组织液、血浆、淋巴等细胞外液共同构成了人体细胞赖以生存的内环境。细胞通过内环境间接与外界发生物质交换。呼吸、消化、循环和泌尿系统参与内、外环境的物质交换。渗透压、pH、温度、血糖浓度等在一定范围内波动，以满足细胞代谢的需要。内环境理化因子的任何变化都会引发机体的自动调节。机体通过神经-体液-免疫调节机制，协调呼吸、消化、循环和泌尿等系统的活动，共同维持内环境的稳态，保障细胞代谢的顺利进行。	
聚焦单元重要概念，提出后续学习任务	**教师总结** 通过单元概念图的绘制，我们更明确了次位概念"细胞外液是人体细胞生活的内环境""细胞通过内环境与外界环境进行物质交换""内环境为细胞提供相对稳定的生存条件"和"内环境的稳态保障机体正常的生命活动"的内涵以及联系，对重要概念"机体细胞通过内环境与外界环境进行物质交换，并通过自动调节维持其稳态"也有了更好的理解，接下来我们会更深入地学习内环境稳态的调节机制。	本环节进一步指明了本单元的大任务，聚焦本单元的重要概念。

（三）教学反思

本课时的亮点主要体现在两个方面：一是以"稳态失调病例分析"为抓手，较好地建构了"各器官系统协调统一共同维持内环境稳态"这一概念。学生先是在我的引导下分析失温症相关理化因子的变化、涉及的器官和系统，以及维持体温稳定的调节机制；然后再分析稳态失调病例，并以宣传小报的形式进行健康生活方式的宣传；在分析多个病例的基础上，师生共同总结，建构概念。二是资料、情境生活化，突出核心素养尤其是社会责任的渗透。本课时中的稳态失调病例都源于生活,我也十分注重引导学生关注家人和朋友的身体健康,增强学生的社会责任感。

本课时存在的不足之处:教学评价不够丰富,评价形式过于单一。本课时学生活动比较丰富,如分析失温症的视频资料、课前收集病例、课上分析病例、制作健康宣传小报以及构建单元概念图。如果评价形式能更多样化,如教师评价结合小组自评、组间互评,那么课堂可能还会有更多的动态生成,绽放更绚丽的火花。

(四)总体评析

本课时以生活化情境为支架,构建开放型课堂,充分发挥学生的主观能动性和合作能力,建构"各器官系统协调统一共同维持内环境稳态"这一概念。本课时还是单元1整体教学的最后一个课时,教师基于本单元概念图进行了总结。本课时的教学设计和课堂实施表现出以下特点:

1. 生活化情境,发展社会责任核心素养。

本课时的情境支架"失温症"来自新闻报道。课时情境与社会热点相联系可以帮助学生形成关注社会热点,解决真实问题的观念。收集的病例均来自生活,学生有切身体会,容易引起共鸣,进而利用生物学知识对他人宣传健康的生活方式。

2. 开放型课堂,促进科学思维的发展。

学生在收集稳态失调的病例时,收集途径多样,资料的加工和整理方式也多样,这些充分体现了形式的多样性和课堂的开放性。课堂交流分享时,学生基于多种多样的证据表达自己对新知识的理解,并不断修正。在论证、修正的过程中,学生逐步明确概念的内涵和外延,生成科学概念,增进了对归纳与概括、演绎与推理等科学思维方法的认识。

3. 单元概念图,助推概念体系的形成。

本课时是本单元的最后一个课时,开展绘制单元概念图的活动可以将整个单元的次位概念结构化整合;构建个性化概念图可以让学生进一步领会次位概念之间、次位概念与重要概念之间的逻辑关系,形成整体化、结构化、系统化的概念体系。

4. 改进建议。

作为本单元的最后一个课时,教师要适当增加反思类评价任务,为学生学后反思提供支架。虽然单元概念图的绘制这一任务可以帮助学生整合概念,厘清概念与概念之间的联系,建立概念体系,但这一任务不能评价学生迁移应用概念的能力。建议教师为学生提供新的任务情境,如解释非洲象为什么在高达40℃的环境中也能"闲庭信步",再通过观察学生能否迁移应用概念来反思单元教学目标的达成情况。

(本课时由浙江省新昌中学吴仓丽和王梦姣老师设计,由吴仓丽老师执教)

单元 2

神经系统通过调控各器官、系统的活动维持机体稳态

专家解读

一、单元教学分析

"神经系统通过调控各器官、系统的活动维持机体稳态"是支撑选择性必修1模块大概念的一个重要概念,它承接单元1的概念"内环境稳态是依靠神经-体液-免疫调节机制来实现"。神经调节与单元3的动物激素调节相辅相成,共同协调、维持动物体的内环境稳态,同时它也是动物行为产生的生理基础,能让动物对体内、外环境做出迅速反应。神经系统是神经调节的结构基础,由中枢神经系统和周围神经系统组成,神经元是组成神经系统的结构和功能单位。环境刺激使神经细胞产生神经冲动,神经冲动以电信号的形式在神经纤维上传导,以化学信号的形式在神经细胞和神经、肌肉、腺体细胞之间传递。由感受器、传入神经元、神经中枢、传出神经元和效应器组成的反射弧是反射的结构基础,反射是神经系统最基本的活动形式,包括非条件反射和条件反射。脑和脊髓的中枢神经系统相互协调联系,共同调控各器官、系统的活动,及时应对体内、外的刺激,维持机体的稳态。

学生在初中阶段已经学习了神经调节,对神经系统的组成、神经元的结构、反射弧、条件反射和非条件反射等已有一定的认识,但对这些知识的认识往往是割裂的,并且停留在表象。通过必修1模块的学习,学生已经建构了"细胞是生物体结构与生命活动的基本单位"和"细胞的生存需要能量和营养物质"这两个概念,已经初步形成了结构与功能观、物质与能量观等生命观念。通过单元1的学习,学生初步认识到神经调节在维持内环境稳态中的意义。因此,教师要引导学生从结构与功能观、稳态与平衡观来认识神经系统的组成,研究神经细胞是如何产生兴奋并沿轴突传导的,兴奋在突触处传递的特点有哪些,等等。这个思路既符合学生的认知规律,又可以帮助学生认识到生命系统的复杂和有序,还能引导学生从个体水平思考生命系统的整体性。

二、单元概念解构

本单元聚焦课程标准中的重要概念"神经系统能够及时感知机体内、外环境的变

化，并做出反应调控各器官、系统的活动，实现机体稳态"。该重要概念是在重要概念"内环境为机体细胞提供适宜的生存环境，机体细胞通过内环境与外界环境进行物质交换"和"内环境的变化会引发机体的自动调节，以维持内环境的稳态"的基础上展开的，与重要概念"内分泌系统产生的多种类型的激素，通过体液传送而发挥调节作用，实现机体稳态"紧密相连，承上启下，共同支撑大概念"生命个体的结构与功能相适应，各结构协调统一共同完成复杂的生命活动，并通过一定的调节机制保持稳态"。本单元对应"神经调节的基本方式是反射（可分为条件反射和非条件反射），其结构基础是反射弧""神经细胞膜内外在静息状态具有电位差，受到外界刺激后形成动作电位，并沿神经纤维传导"等6个次位概念，这些次位概念共同聚焦本单元的重要概念。这些概念之间的关系如图2-1所示。

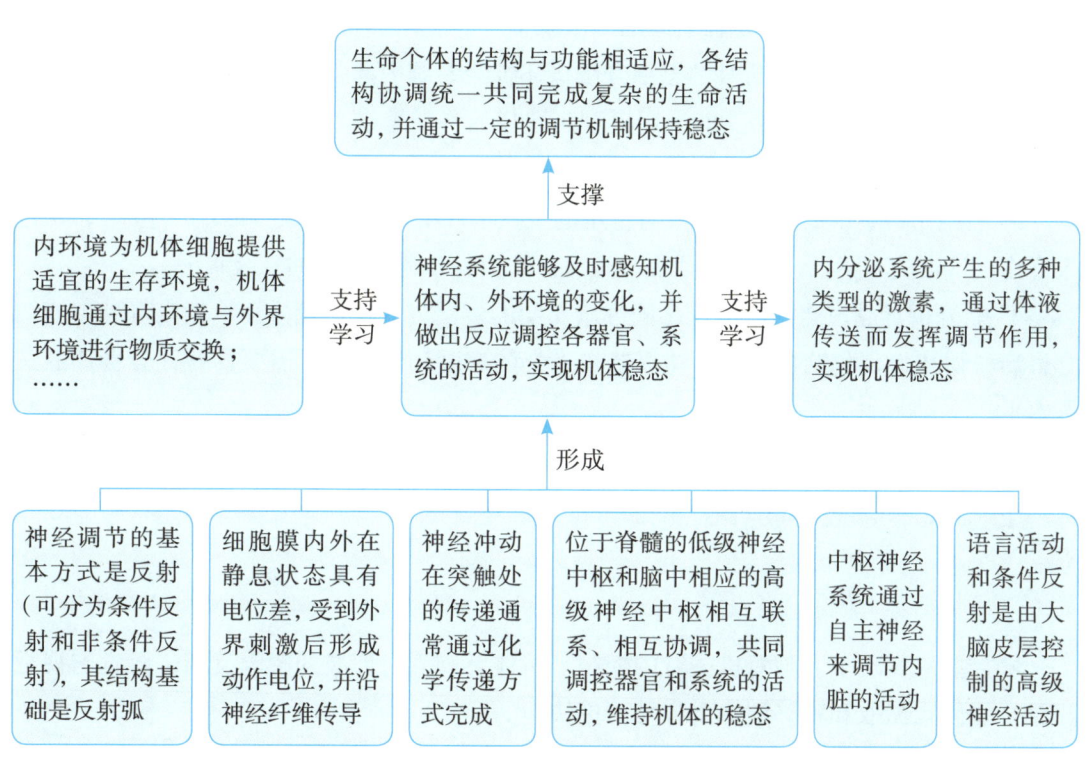

图2-1 单元2相关概念间的关系

三、单元目标

（一）学习目标

1. 通过构建物理模型、数学模型和概念模型等系列活动，体悟模型与建模的思想，发展结构与功能观、物质与能量观、稳态与平衡观等生命观念。

2. 通过"以蛙坐骨神经腓肠肌实验、乙酰胆碱研究史为资料情境的科学论证""分析脊蛙反射的实验"活动,发展归纳与概括、演绎与推理的科学思维方法。

3. 通过膝跳反射的体验活动,概述神经调节的基本方式和反射弧的组成,运用归纳与概括等科学思维方法认识神经调节,从进化与适应观的角度比较条件反射和非条件反射对生命活动的意义。

4. 通过分析脑控假肢、毒品危害等社会议题,养成运用科学思维方法解决实际问题的习惯,加深对科学、技术、社会相互关系的认识,倡导健康生活,提升社会责任感。

(二)评价目标

1. 能在新的情境中,以物质与能量观、稳态与平衡观为指导,分析影响静息电位、动作电位的机制。需要具备生命观念的二级水平。

2. 能运用归纳与概括的科学思维方法概述神经系统内部各概念之间的相互关系。需要具备科学思维的二级水平。能运用模型与建模的科学思维方法认识新生事物,解决实际问题。需要具备科学思维的三级水平。

3. 能运用科学论证的方法,针对特定的生物学现象开展"现象—推理—主张",与他人合作设计实验方案以论证猜想并展开交流。需要具备科学探究的三级水平。

4. 能分析毒品成瘾的原因,认同健康文明的生活方式,珍爱生命,远离毒品;能结合最新科研成果优化脑控假肢,树立造福人类的态度和价值观。需要具备社会责任的三级水平。

四、单元教学思路

(一)单元情境

脑控假肢实现了人脑对机械臂的控制。机体感知来自假肢的触觉反馈,触觉与视觉相结合能使人抓取和转移物体更容易、更快捷。

(二)核心任务

探究能与人脑发生信息交流、接收信号并产生触觉的仿生型机械臂的工作机理,探索神经系统的结构和功能。

(三)教学流程

以支撑本单元重要概念所需的次位概念为课时学习主题,课时教学以问题、任务、活动与评价为主线展开。本单元分为 5 个课时,教学流程如图 2-2 所示。

重要概念	神经系统能够及时感知机体内、外环境的变化，并做出反应调控各器官、系统的活动，实现机体稳态	

次位概念	神经细胞膜内外在静息状态具有电位差，受到外界刺激后形成动作电位，并沿神经纤维传导（课时1、2）	神经冲动在突触处的传递通常通过化学传递方式完成（课时3）	神经调节的基本方式是反射（可分为条件反射和非条件反射），其结构基础是反射弧（课时4）	位于脊髓的低级神经中枢和脑中相应的高级神经中枢相互联系、相互协调，共同调控器官和系统的活动，维持机体的稳态；中枢神经系统通过自主神经来调节内脏的活动；语言活动和条件反射是由大脑皮层控制的高级神经活动（课时5）
问题	移接了假肢的个体如何将脑中的信息传递到机械臂中，并控制其做出相应的运动？	人体神经细胞是怎样产生和传送信号的？	神经元通过什么结构、以什么方式将动作电位传递给下一个细胞？	反射的结构基础及发生的条件是什么？反射的类型有哪些？	人脑是如何将信息传递到机械臂并控制其做出相应的运动的？
任务	构建神经系统基本组成的概念图；探究神经元的结构和功能	分析静息电位和动作电位的产生机理；分析动作电位在轴突上的传导机理	探究兴奋在突触处的传递方式	分析反射弧的组成，探究反射活动发生的条件；比较非条件反射和条件反射	分析脑和脊髓的结构和功能；概述脑和脊髓在神经调节中的作用
活动	构建人体神经系统概念模型；运用模型，概括神经元的结构；科学论证神经元的基本特性	分析静息电位的产生机理；分析动作电位的产生机理，构建动作电位数学模型；分析动作电位在轴突上的传导特点和机理	科学论证兴奋在突触处通过化学信号传递；构建兴奋在突触处通过化学信号传递的概念模型	建构反射弧的概念；构建脊蛙反射活动模型，分析反射活动的条件；比较条件反射和非条件反射区别	构建脑和脊髓的结构模型；构建大脑皮层的物理模型并分析其功能；构建脑和脊髓结构和功能的概念网络；讨论自主神经调节内脏的意义
评价	解释脑控假肢在行使其功能时接收到的信号类型	分析静息电位和动作电位的影响因素；评价和完善实验方案，验证神经冲动的传导特点	概括可卡因的作用机理，探讨可卡因上瘾的原因和危害	运用反射弧的结构和功能，分析患者的发病原因	概述脑、脊髓在神经调节中的作用；构建本单元的概念模型

图 2-2　单元 2 教学流程

五、课时教学实例

课时 1　神经细胞是神经系统的基本单位

（一）课时概念解析

本课时是次位概念"神经细胞膜内外在静息状态具有电位差，受到外界刺激后形成动作电位，并沿神经纤维传导"的第一课时，该概念的构建需要以下基本概念或证据的支持：

1. 人体神经系统包括中枢神经系统和周围神经系统。
2. 神经元是人体神经系统的基本单位。
3. 神经元的基本特性是受到刺激后会产生神经冲动并沿轴突传送出去。

（二）课堂实录

教学环节	课　堂　实　录	专业点评
创设单元情境，提出核心问题	**课前活动**　以小组为单位开展用真、假手指翻书的小游戏。 **单元情境**　视频：移接脑控假肢的个体能用脑控制机械臂，并感知来自假肢的触觉反馈，触觉与视觉相结合能使人快速抓取和转移物体。 **核心问题**　移接了假肢的个体如何将脑中的信息传递到机械臂中，并控制其做出相应的运动？	教师借助体验活动和脑控假肢的话题引导学生关注社会议题，直观体验神经系统在调控机体活动中的重要意义。
回顾前概念，提出课时问题	**引导**　正常人体需要依赖神经系统及时感知机体内、外环境的变化，并做出反应，调控各器官、系统的活动，实现机体稳态。 **课时问题**　移接脑控假肢的个体在传递信息时需要依赖人体的哪个系统？该系统基本单位的结构和特性是怎样的？	以神经系统的功能这一前概念作为课堂教学的生长点，启发了学生的思维。
任务1：构建神经系统基本组成的概念图	**设问**　神经系统由哪些结构组成？ **学生活动**　基于课前预习，小组合作构建人体神经系统基本组成的概念图（图2-3）。 图 2-3　神经系统基本组成的概念图	构建概念图的活动发展了学生运用思维导图归纳生物学知识的科学思维。

续 表

教学环节	课 堂 实 录	专业点评
任务2：探究神经元的结构和功能	**过渡** 神经系统由细胞组成，其中神经元是神经系统的基本单位，那么神经元有哪些结构呢？ **学生活动** 展示课前制作的神经元模型（图2-4）并交流。 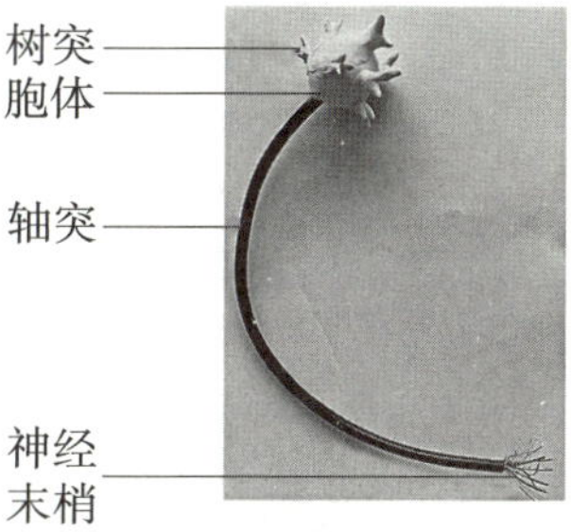 树突 胞体 轴突 神经末梢 图2-4 神经元结构模型 **教师设问** 神经元的结构这样特殊，那么从结构与功能相适应的角度猜测，神经元应该具有怎样的功能？ **学生回答** 神经元能兴奋、能接受刺激，还能传导信号。 **教师活动** 神经元是否具有上述功能需要通过实验验证。介绍动物生理实验常用的材料和用具：蛙坐骨神经腓肠肌标本、锌铜弓等。 **呈现资料** 视频：兴趣小组课前做的加尔瓦尼模拟实验。 **学生活动** 观看实验视频，描述实验现象，得出实验结论，并提出合理的猜想。 **交流评价** 教师引导学生分析实验结论的推理过程（图2-5），推理过程包含实验处理、实验现象、实验结果，最后形成一个科学论证的完整过程。 实验现象（证据）：腓肠肌收缩 → 实验结论：神经纤维能将电刺激传给肌肉 推理：锌铜弓刺激坐骨神经后（实验处理），与之相连的腓肠肌收缩（实验现象）→腓肠肌接收到坐骨神经传来的收缩信号（实验结论）。 图2-5 "神经纤维能传导兴奋"的科学论证过程 **教师总结** 从实验现象到推理，最后形成科学的结论，这个过程就是科学论证的过程。 **学生活动** 基于上述实验提出问题：电刺激如何传导到腓肠肌？电刺激的传导速度是怎样的？等等。 基于问题提出猜想：① 神经纤维带电；② 神经纤维能传导电信号。	神经元模型的制作丰富了学生对神经元的感性认识。在科学论证过程中，学生逐渐建构了"神经细胞膜内外在静息状态具有电位差，受到外界刺激后形成动作电位，并沿神经纤维传导"这一概念。

续表

教学环节	课 堂 实 录	专业点评
任务2：探究神经元的结构和功能	**学生活动** 利用枪乌贼的神经元轴突、灵敏电位计等实验材料和用具，小组讨论、设计实验方案，验证猜想①。 **交流评价** 交流实验方案，描述推理过程。学生设计的方案及推理过程示例：图2-6。 实验现象（证据）：电位计一极接膜外，一极接膜内，指针朝接膜内一极偏转 → 实验结论：静息状态时，膜外电势大于膜内电势 推理：电位计一极接膜内，一极接膜外时，指针朝接膜内一极偏转→膜外电势大于膜内 图2-6 "神经纤维膜内外存在电位差"的科学论证过程 **呈现资料** 赫胥黎和霍奇金利用枪乌贼神经细胞大轴突设计了如下实验：在神经纤维膜外侧连接两个电极。随后，刺激神经纤维膜左侧，并在刺激的同时记录灵敏电位计的偏转方向。实验现象如图2-7所示。 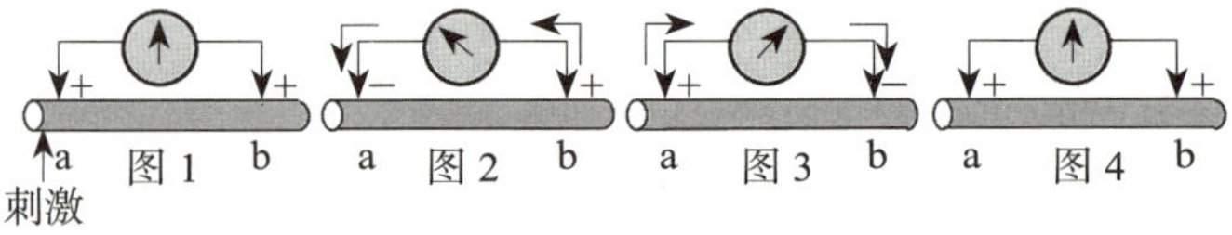 图2-7 蛙坐骨神经的动作电位示意图 **学生活动** 小组合作，利用科学论证的方法进行实验分析（图2-8）。 实验现象（证据）：电位计发生了两次方向相反的偏转 → 实验结论：神经纤维膜在电刺激后会产生电位变化，并沿神经纤维传送出去 推理：刺激后电位计发生偏转→产生电位变化，电位计指针先向左偏，后向右偏→a点电位下降，兴奋先传到a点；b点电位下降，兴奋传到b点 图2-8 "神经纤维膜通过电位变化传导兴奋"的科学论证过程 概述神经元的结构和功能：神经元包括树突、轴突和胞体三个部分，神经细胞膜内、外在静息状态具有电位差，受到外界刺激后形成电位变化（动作电位）。神经元的树突接收这一电信号，轴突传出这一电信号。	科学史情境让学生体验了严密的逻辑思维，发展了科学探究核心素养。

续 表

教学环节	课 堂 实 录	专业点评
任务3：应用迁移	**评价任务** 脑控假肢能做出各种动作，这是因为它接收了人脑中什么形式的信号？ **学生回答** 脑控假肢应是接收了来自人脑的电信号，因为神经元是以电信号的形式将兴奋沿神经纤维传送出去。 **教师铺垫** 是的，我们通过实验验证了神经元细胞膜内外存在电位差，神经纤维在电刺激后会产生电位变化，并沿神经纤维传送出去。那么它们是如何产生并传导电位变化的？这就是我们下节课要学习的内容。	该评价任务既是对本课时学习效果的再次检测，也为学生学习电信号产生和传导的机理做好铺垫。

（三）教学反思

本课时的亮点主要体现在三个方面：一是构建概念图，归纳概括，发展科学思维。基于学生对人体神经系统的组成已具备一定认知基础的学情，我引导学生运用归纳与概括、创造性思维等方法，自主构建神经系统基本组成的概念图，再运用概念图归纳生物学知识。二是论证式教学，训练思维，发展科学探究能力。我将发展学生科学探究能力作为本课时的核心教学目标，采用论证式教学模式，帮助学生建构"神经细胞膜内外在静息状态具有电位差，受到外界刺激后形成动作电位，并沿神经纤维传导"这一概念，逐渐形成严谨的科学态度，发展批判性思维和科学探究能力。三是创设情境，激发兴趣，提升社会责任意识。我以塑料手指和脑控假肢的比较作为课堂引入，开展"情境—问题—活动"为主线的课时教学，提升学生的社会责任意识，也让学科核心素养在深度学习中落地生根。

本课时存在的不足之处：在我播放兴趣小组所做的加尔瓦尼模拟实验视频后，学生就实验现象提出了较多问题。学生提出的问题并不都是我预设的问题。在有限的课堂时间里，如何平衡教学目标的完成和生成性问题的解决，是值得我深入思考的。针对这类生成性问题，我应在当堂课中做出简明扼要的说明，有些问题可能还要适当地进行课后交流或者在下一节课继续探究。

（四）总体评析

本单元围绕脑控假肢展开，教师通过"用真、假手指翻书"活动激发学生的学习兴趣，为单元任务的引入埋下了伏笔；通过从整体到部分的递进式任务解决型境脉，将基本概念、次位概念和重要概念有机地串联成连贯的概念体系；运用"五构概念"教学方法，以"情景—任务—活动—评价"为主线，初构、重构、架构和创构概念。本课时的教学设计和课堂实施表现出以下特点：

1. 基于模型构建，初构前概念。

首先，教师利用构建概念模型来唤醒学生的前概念。例如，教师引导学生依据初中科学已学的知识构建神经系统基本组成的概念模型，帮助学生梳理知识结构。概念图是一种知识及其内在关系的网络图形化表征，也是思维可视化的途径。学生运用概念图进行学习，能促使他们进行有意义的学习，能更好地组织自己所学的概念，能较好地感知和理解概念在知识体系中的位置和意义，从而提高学习效果。其次，教师利用学生课前制作的神经元模型，在课堂中实施基于"任务—评价"的教、学、评。学生在互评中建构相关概念，体悟模型与建模方法的思想，发展了结构与功能观，实现了思维的升华。

2. 基于科学论证，重构次位概念。

科学论证的主线包含"证据—推理—主张—新的问题"。教师利用加尔瓦尼的模拟实验视频引导学生重走科学家的探索之路，领略科学论证的过程和思想。这种驱动式学习模式能帮助学生提升科学探究能力，实现高阶思维的建构，最终达成对次位概念的理解和应用。

3. 基于精准扶放，推进主动学习。

"扶放有度"教学策略反映了现代教学理论的一种新认识：教学可以"放"，但教学不能没有"扶"。在运用论证法重构概念的教学环节中，教师采用了"扶放有度"的教学策略，实现了从以"教师教"为主导到以"学生主动学"为主导的完美转换，调动了学生的学习积极性，促进其深度学习。例如，在次位概念的重构环节，"观看蛙坐骨神经腓肠肌实验视频，得出实验结论并提出猜想""合作讨论，设计实验方案验证猜想"这两个活动教师各有侧重。第一个活动侧重建立并理解科学论证的三个环节；第二个活动侧重科学论证过程的阐述。这种"先扶后放"的教学模式促进了学生的主动学习，发展了学生的科学思维和科学探究能力。

4. 改进建议。

建议教师要进一步把握课堂的形成性评价，促进学生的深度学习。本课时总体上体现了学生的主体性，但由于课堂时间的限制，教师为了凸显次位概念的建构而侧重任务2中神经元功能的验证环节，弱化了任务1。例如，在构建神经系统基本组成的概念图后，学生互评比较仓促。事实上，学生关于神经系统组成的前概念还未真正转变成科学概念，需要教师适当调整教学安排，如播放关于人体神经系统的视频来帮助学生进一步建构概念体系。

建议教师要进一步加强生命观念的培育。在从任务1转入任务2的过程中，教师可以先利用教科书中的插图简单介绍反射弧，再引入神经元结构的学习。在组织学生展示、评价神经元结构模型后，教师可以引导学生思考：神经元与机体的其他细胞在结构上有何不同？神经元细胞膜特化的意义是什么？通过这些问题的分析，学生能更深层次地理解结构与功能相适应的生命观念。

（本课时由浙江省富阳中学周黎明老师和杭州市富阳区江南中学邹军燕老师设计，由邹军燕老师执教）

课时 2　神经细胞受到刺激后能产生动作电位，并以电信号的形式传导

课堂实录

（一）课时概念解析

本课时的概念为"神经细胞膜内外在静息状态具有电位差，受到外界刺激后形成动作电位，并沿神经纤维传导"，该概念的建构需要以下基本概念或证据的支持：

1. 神经细胞静息电位是外正内负的稳定电位，主要是 K^+ 的平衡电位。
2. 适宜的刺激能使神经细胞发生 Na^+ 内流，形成外负内正的膜电位，再是 K^+ 外流恢复外正内负的静息电位。
3. 神经冲动在神经纤维上以电信号的形式传导。

因本课时对应的次位概念难度较大，内容联系紧密，本课时的教学时间设置为 80 分钟。

（二）课堂实录

教学环节	课　堂　实　录	专业点评
关联单元情境，导入新课	**创设情境**　脑控假肢可以接收人体发出的信号，并做出相应的运动。 **核心问题**　人体神经细胞是怎样产生和传送信号的？ **呈现资料**　赫胥黎和霍奇金使用电压钳技术研究枪乌贼神经细胞轴突膜两侧的电位变化（图 2-9）。 图 2-9　测量静息电位的示意图 **教师提问**　图中电位计指针的偏转说明了什么？ **学生活动**　小组合作，描述并绘制膜内外的电荷分布情况，将小组讨论的结果画在展板上（图 2-10）。 膜外　+++++++++++++ 膜内　------------- 膜内　------------- 膜外　+++++++++++++ 图 2-10　静息状态时，膜内外电荷分布示意图	实验现象的分析可以让学生初步认识到膜电位的示意方式，尝试转化信息，针对现象提出问题，并追究其本质。

续 表

教学环节	课堂实录	专业点评
任务1：探究静息电位的产生机理	**呈现资料** 静息时神经细胞膜内外离子的浓度（表2-1）。 表2-1 静息时神经细胞膜内外离子的浓度 | 离子	胞内液的离子浓度 / ($mmol·L^{-1}$)	胞外液的离子浓度 / ($mmol·L^{-1}$)
Na^+	12	145
K^+	155	4
H^+	$13×10^{-5}$	$3.8×10^{-5}$
Cl^-	3.8	120
HCO_3^-	8	27
A^-	155	0 | 注：A^-代表带负电荷的有机大分子。胞内的Cl^-浓度是根据Nernst方程推算的。 **学生活动** 根据资料分析得出膜内外离子分布的不同之处：神经细胞膜内K^+浓度高，膜外Na^+浓度高，有机大分子集中在膜内。 **呈现资料** 神经元在静息状态时： ① 细胞内的有机负离子不能通过细胞膜到细胞外。 ② 细胞膜上存在多种控制离子进出的转运蛋白，其中Na^+-K^+泵处于开放状态，每消耗1个ATP分子，就逆浓度梯度从细胞内泵出3个钠离子，但只从膜外泵入2个钾离子；钾离子渗漏通道开放，膜内的钾离子顺着浓度梯度扩散到细胞外；钠离子通道和钾离子通道均关闭。 ③ 膜内外的电位差约为70 mV。 **教师提问** 静息状态时，离子进出神经细胞的情况是怎样的？ **学生活动** 小组合作讨论，讨论后在展板上画出离子进出神经细胞的示意图。 **交流评价** 小组代表上前展示示意图（图2-11），分享合作学习的成果，其他小组进行点评质疑。 图2-11 静息时神经细胞膜上K^+、Na^+的进出情况	资料的分析、信息的转换可以充分发展学生的科学思维，学生对生物学事实和证据进行了归纳与概括、演绎与推理、探讨与阐释。 学生讲述结合生生点评的方式有助于挖掘生成性问题，让其他学生更积极地参与学习，也有助于相关知识的落实和提升。

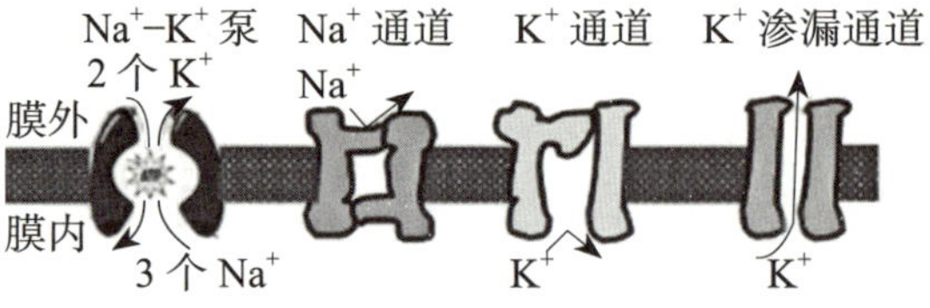

教学环节	课　堂　实　录	专业点评
任务1：探究静息电位的产生机理	教师总结 ① 静息电位是稳定的电位。 ② 静息电位主要是神经细胞膜上的 K^+ 平衡电位（图2-12）。 ③ 离子分布是现象，膜的结构是本质。 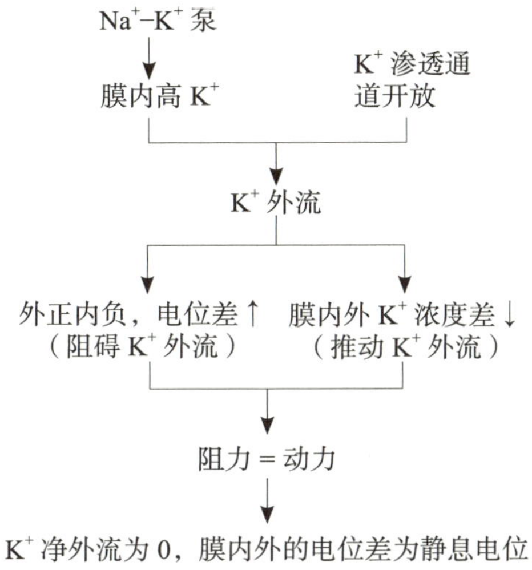 Na^+-K^+泵 → 膜内高 K^+ K^+ 渗透通道开放 ↓ K^+ 外流 ↓ 外正内负，电位差↑（阻碍 K^+ 外流）　　膜内外 K^+ 浓度差↓（推动 K^+ 外流） ↓ 阻力 = 动力 ↓ K^+ 净外流为 0，膜内外的电位差为静息电位 图2-12　静息电位的发生机理	
任务2：探究动作电位的产生机理	呈现资料　灵敏电位表在神经纤维受到刺激前后的偏转情况（图2-13）。 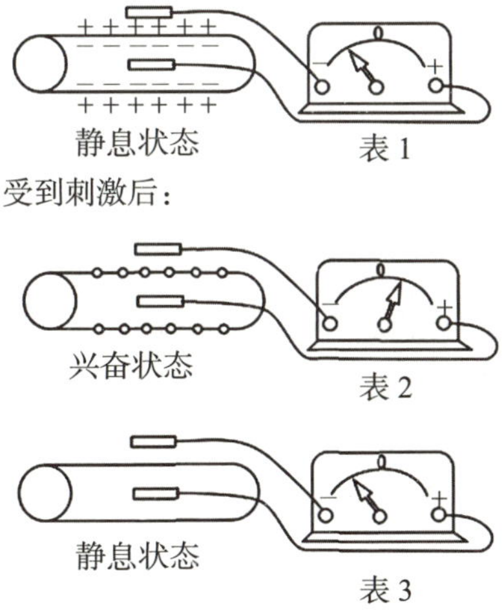 静息状态　　表1 受到刺激后： 兴奋状态　　表2 静息状态　　表3 图2-13　灵敏电位表在神经纤维受到刺激前后的偏转情况	实验现象的分析充分训练了学生的科学探究能力；对结果的交流和讨论增强了学生对自然现象的好奇心和求知欲，帮助学生掌握了科学探究的基本思路和方法，并在探究中乐于并善于团队合作、勇于创新。

续 表

教学环节	课 堂 实 录	专业点评
任务2：探究动作电位的产生机理	**学生活动** 观察图2-13，小组合作，描述并绘制膜内外的电荷分布情况（图2-14）。 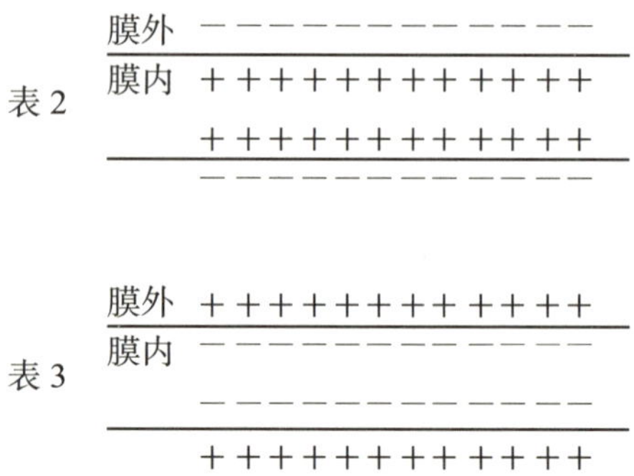 表2 膜外 — — — — — — — — — — — — 膜内 ＋＋＋＋＋＋＋＋＋＋＋＋ ＋＋＋＋＋＋＋＋＋＋＋＋ — — — — — — — — — — — — 表3 膜外 ＋＋＋＋＋＋＋＋＋＋＋＋ 膜内 — ＋＋＋＋＋＋＋＋＋＋＋＋ 图2-14 神经纤维产生兴奋时膜内外电荷的分布情况 **学生活动** 运用透过现象看本质的思维方法，猜想神经纤维受到刺激后发生的生物学变化。 **交流评价** 小组代表展示并说明小组的讨论结果和猜想，并进行组间互评。 **教师提问** 如何证明猜想是正确的？ **学生活动** 小组分析、讨论后，各自提出可行的方案，并进行生生评价。 **呈现资料** ① 河豚毒素是一种专一阻断钠离子通道的物质。用河豚毒素处理神经元轴突后，给予神经元轴突适宜的电刺激，示波器指针保持原状。 ② 四乙胺是一种专一阻断钾离子通道的物质。用四乙胺处理神经元轴突后，给以神经元轴突适宜的电刺激，示波器指针反向偏转，偏转后无法恢复原状。 **学生活动** 根据以上两则资料评价自己小组的猜想是否合理、准确。 **师生总结** 教师帮扶式总结动作电位产生的开始阶段，然后引导学生阐释动作电位的恢复过程。师生整理归纳后形成神经冲动产生的完整过程。 **学生活动** 结合离子进出变化和膜内外的电荷分布变化，小组合作用坐标曲线图来表示整个过程中膜内电位的变化，设静息时膜外电位为0。完成绘制后，展示并进行生生评价。 **教师活动** 总结说明动作电位产生过程中神经细胞膜外的电荷分布情况，及动作电位产生机理和相应曲线。	猜想活动可以让学生较好地理解相关生物学概念，发展结构与功能观、进化与适应观等生命观念，认识生物的独特性和复杂性，并为课堂评价阶段做好铺垫。

教学环节	课 堂 实 录	专业点评
任务3：运用动作电位产生机理解决实际问题	**评价任务** 浸浴在海水中的枪乌贼大轴突接收到刺激后会发生动作电位（图2-15）。若将枪乌贼大轴突浸浴于含一半海水、一半等渗葡萄糖溶液的溶液中，则该曲线将如何变化？请说明理由。 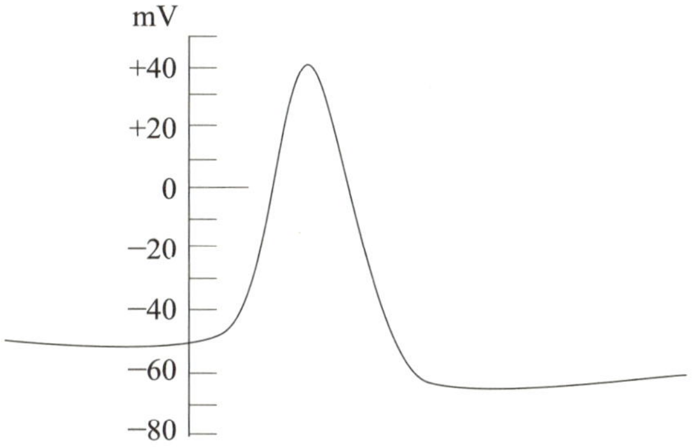 图2-15 枪乌贼大轴突的动作电位示意图 **学生活动** 小组合作讨论以上问题，绘制动作电位图后展示曲线，并进行生生评价。 **师生总结** 静息电位与膜内的 K^+ 外流相关而与 Na^+ 浓度无关，所以膜外 Na^+ 浓度的改变并不影响静息电位。 动作电位与膜外的 Na^+ 内流相关，细胞外 Na^+ 浓度降低，膜内外 Na^+ 浓度差变小，Na^+ 内流量变小，动作电位的峰值下降。	运用即学的知识在新的问题情境中进行演绎和推理，能很好地训练学生的知识迁移能力和解决实际问题的能力。
任务4：构建动作电位的传导机理	**呈现资料** 蛙坐骨神经的动作电位示意图（图2-16）。 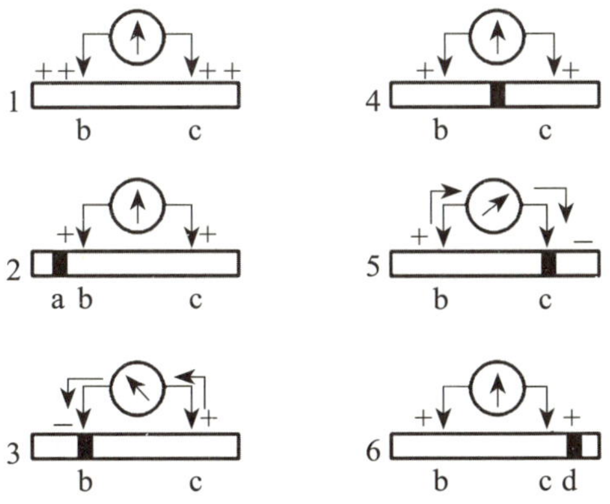 图2-16 蛙坐骨神经的动作电位示意图 **教师提问** 蛙坐骨神经受到刺激后，动作电位如何传导到b点和c点？	学生通过解决问题→提出新问题→产生新结果（事实）来动态解释神经纤维上的电信号传导，运用科学的思维方法认识事物、解决实际问题，发展了科学思维。

教学环节	课 堂 实 录	专业点评
任务4：构建动作电位的传导机理	**学生活动** 分析图2-16中的2和3，得出b点、c点是先后受到刺激的结论，并提出"相关刺激从何而来"的问题。 **呈现资料** 轴突兴奋部位和未兴奋部位膜内外电荷的分布示意图（图2-17）。 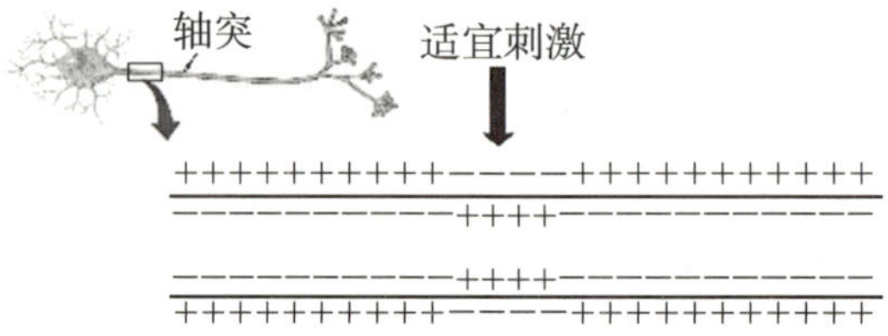 图2-17 轴突兴奋部位和未兴奋部位膜内外电荷的分布示意图 **学生活动** 分析刺激部位和未受刺激部位的电荷分布情况，并预测电荷分布的变化。 **教师总结** 神经冲动（动作电位）在神经纤维上传导的形式：局部电流（图2-18）。 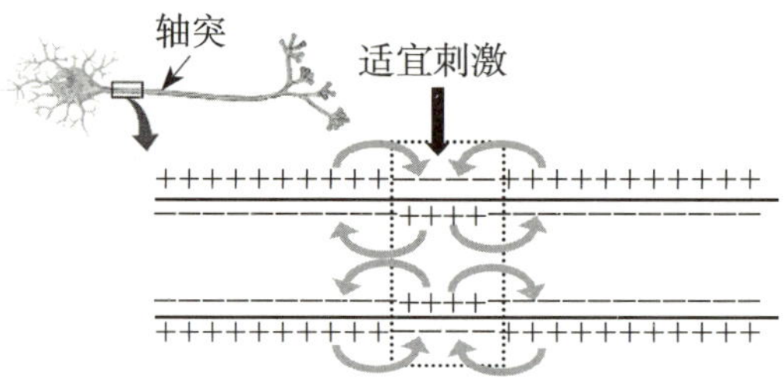 适宜刺激→受刺激部位形成反极化状态→与邻近未受刺激部位形成电位差→局部电流（电信号）→刺激邻近静息区使之去极化、反极化，形成动作电位 图2-18 动作电位以局部电流形式传导的示意图 传导的特点：绝缘性（由于髓鞘的存在）；双向性（与刺激部位有关）；无衰减（同个神经细胞膜内外的离子基础相同）。 **呈现资料** PPT动画：相应波动的示意动画，模拟动作电位传导时不同部位的膜电位。 **教师提问** 根据动画，构建轴突受到刺激后，兴奋在神经纤维上传导的某一时刻轴突各部位膜电位的示意图。 **学生活动** 构建动作电位在轴突上传导的数学模型（图2-19）。	相关数学模型的构建提升了学生的信息转化能力，进一步帮助学生理解膜电位变化的离子基础，从而认识生物的独特性和复杂性。

教学环节	课 堂 实 录	专业点评
任务4：构建动作电位的传导机理	图 2-19　动作电位传导时不同部位的膜电位示意图 活动　请分析图 2-19 中 A、B、C 三处钠、钾离子通道的开关情况。 学生活动　小组讨论，并将讨论结果画在展板上。 师生总结　当刺激部位处于内正外负的反极化状态时，邻近未受刺激的部位仍处于外正内负的极化状态，两者之间会形成局部电流。这个局部电流又会刺激没有去极化的细胞膜，使之去极化，形成动作电位。这样，不断地以局部电流（电信号）的形式向前传导，将动作电位传导出去，一直传到神经末梢。	
任务5：运用动作电位传导特点解决实际问题	评价任务　为了验证神经冲动在轴突上的传导具有双向性和无衰减性，某同学设计了如下实验：将灵敏电位计的两极分别接在枪乌贼大轴突甲、乙两点的膜外，在甲的左侧给予一个适宜的电刺激后，观察灵敏电位计的电位变化（图 2-20）。你认为这个实验可以验证神经冲动在轴突上的传导具有双向性和无衰减性吗？请说明理由。 图 2-20　动作电位传导示意图 学生活动　小组讨论、分析评价任务中的检测指标是否正确，并讨论修正方案。	学生基于生物学事实和证据，运用批判性思维、创造性思维去认识事物并解决实际问题。从现象到本质的思考和学习，从结构模型到数学模型的转化训练，都有利于学生迁移应用知识，从而真正地进行深度学习。

（三）教学反思

本课时的亮点主要体现在三个方面：一是解决真实情境中的问题，建构次位概念。我以科学家赫胥黎和霍奇金的实验为情境导入，引发学生对膜电位相关内容的思考，再促使学生根据资料进行归纳与概括，形成抽象的概念，并利用展板形象地展示出来。二是采用"猜想—论证"式教学模式，创设自主学习、主动学习的情境，突出学生的主体地位。我先引导学生分组探究，大胆猜想，提出主张，结合猜想讨论神经细胞兴奋时各种离子跨膜进出的可能性，再设计实验验证猜想并做出解释。在讨论方案的科学性环节，我采用辩论的方式，让学生辨别并说明实验方案的科学性。三是构建数学模型，发展建模思想。数学模型是用数学关系、图表等来表示事物之间的关系。为了让生理过程更加外显，也帮助学生分析本质与现象的关系，我引导学生对膜结构的变化、离子分布等进行了分析。学生完成动作电位曲线图中起点、折点和终点的绘制后，再根据数学模型归纳相应的生理本质。对高二学生而言，这样的尝试很重要，有利于他们领悟建模思想。

本课时存在的不足之处：在猜想和验证动作电位产生机理的环节，我的预设是让学生互相评价，互相质疑。但是在一个小组展示后而个别学生提出反驳意见时，我考虑到时间问题，没有引导其他学生参与辩驳，只是让一名学生表达了正确观点，这使质疑环节变成了教师和个别同学之间的对话，而其他同学只是旁观者。同样，在课堂教学评价中，我在让学生分析说明动作电位曲线时，给予学生思考的时间较少。在学生展示曲线后，我更多的是"就线论线"的评价，没有创造更多生生交流的机会。

（四）总体评析

本课时的教学基于"人体神经细胞是怎样产生和传送信号的"这一核心问题展开，学生利用假说-演绎法论证"神经细胞通过改变细胞膜上离子的进出改变膜内外的电荷分布"这一内容，理解动作电位产生和传导的机理，从中渗透了从现象看本质、结构与功能相联系的生命观念。本课时的教学设计和课堂实施表现出以下特点：

1. 用可视化模型认知抽象概念，渗透结构与功能观。

生物学中的抽象内容常包含概念、曲线等，其语言一般是浓缩、精炼的，这常常使学生因理解困难而丧失学习兴趣。模型的构建可以让抽象、复杂的概念形象化、直观化，教师运用模型从结构与功能观的角度讲解概念的内涵和外延，帮助学生深层次理解生物学概念。例如，针对动作电位的产生机理，学生根据资料探讨和阐释了刺激前后神经纤维膜蛋白控制不同离子进出的差异，并绘制差异情况以将头脑中的思想显性化，从而推动高阶思维的发展。

2. 借假说-演绎法引导深度学习，发展学生的科学思维。

深度学习是学生主动的、有意义的、自主参与学习的过程。例如，教师让学生根据资料对神经元细胞膜受到刺激后会打开哪些离子通道进行猜想，并设计实验演绎假说，最后再验证假说。学生在假说演绎、开展概念学习的过程中建构动作电位的概念，实现对概念的正确认识、深层理解和灵活应用，发展了科学思维。

3. "教—学—评"一致，构建有效课堂，促进学生的综合发展。

"教—学—评"一致的课堂教学能充分落实教学目标，能促进学生形成正确的学习方式和学习态度。教师采用了形成性评价和终结性评价来评价学生对课时概念的理解。这种在课时内、课时间乃至以单元为整体的层层递进、时时巩固的评价反馈机制，不仅体现了单元整体教学的理念，也让学生在边学、边评中深刻理解和应用了生物学概念，发展了生物学学科核心素养。课堂教学是师生互动的多边活动，教师采用了大量的即时评价贯穿于课堂活动的始终。即时评价可以让师生、生生之间发生思维的碰撞，让学生正确认识自我，逐步形成自觉有效、主动持久的学习行为，唤醒并激发创新欲望，有效促进了学生核心素养的发展。

4. 改进建议。

本课时的思维难度大，同时本课时还是80分钟的大课，在开展小组讨论和评价活动时，怎样让学生开展精炼、有效的自评和互评还有待教师反思。例如，在呈现动作电位发生过程中离子进出原因的验证方案后，教师可直接引导学生自评和互评假说的正确性，并引导学生总结动作电位发生过程中离子通道的开关情况，这样处理不仅能体现学生的主体地位，还能缩短教学时间。其次，利用模型讲解生物学内涵时，教师的教学语言不够科学、精准。例如，在讲解兴奋在神经纤维上的传导时，教师需要说明波动动画中小球的运动代表轴突不同位点的膜电位变化，小球向上运动代表去极化和反极化，回到原位的过程代表复极化的过程，从而促进学生深入理解和应用概念。

（本课时由浙江省富阳中学巫亚萍老师设计和执教）

课时3 神经冲动在突触处的传递通常通过化学传递方式完成

课堂实录

（一）课时概念解析

本课时的概念为"神经冲动在突触处的传递通常通过化学传递方式完成"。该概念的建构需要以下基本概念或证据的支持：

1. 突触是神经元与其他细胞相连接的部位，包括突触前膜、突触间隙和突触后膜。
2. 突触处传递神经冲动的化学物质称为神经递质。
3. 突触前膜释放的神经递质通过突触间隙的运输，作用于突触后膜上特定的受体，使突触后膜发生去极化或超极化，从而使突触后膜兴奋或抑制，进而实现神经冲动的传递。

（二）课堂实录

教学环节	课 堂 实 录	专业点评
关联单元情境，承前启后	**情境重现** 呈现单元情境脑控假肢视频中的代表性图片，再次明确单元核心问题：人脑如何控制假肢的运动？ **承前启后** 简单回顾前两个课时所解决的问题，明确之前所学的核心知识： ① 神经细胞在静息状态下膜内外存在电位差。 ② 受到适宜强度的刺激后神经细胞会形成动作电位，并以电信号的形式沿神经纤维进行传导。 **核心问题** 神经元通过什么结构、以什么方式将神经冲动传递给下一个细胞？	教师以真实情境为教学任务的主线，搭建了单元教学的知识体系，明确了本课时的学习任务。
任务1：初构突触结构模型	**呈现资料** 突触的概念，以及神经细胞与其他细胞连接的三种情况（图2-21）。 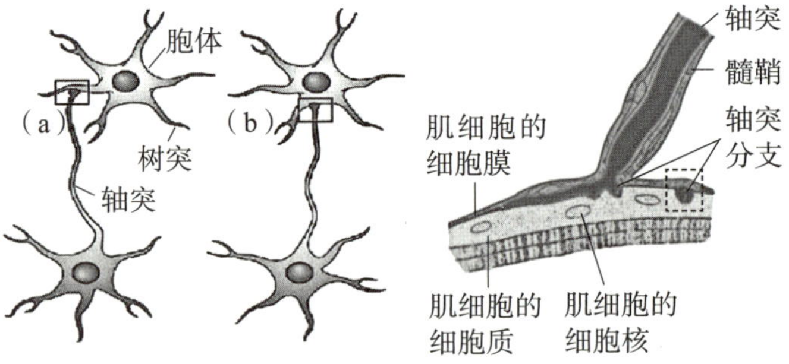 图2-21 突触的种类 **学生活动** 观察图2-21并总结突触类型：轴突—树突、轴突—胞体、轴突—肌肉细胞。 **教师提问** 在这三种类型的突触中，突触前膜应该是哪一个结构？判断依据是什么？ **学生活动** 结合神经元的基本特性——神经元受到刺激后可以产生神经冲动并沿轴突传导出去，分析并明确突触前膜应该是轴突膜，突触后膜可以是树突、胞体或是肌肉细胞的细胞膜。 **教师活动** 在黑板上用一个简单的模式图初步构建突触的结构示意图（图2-22）。 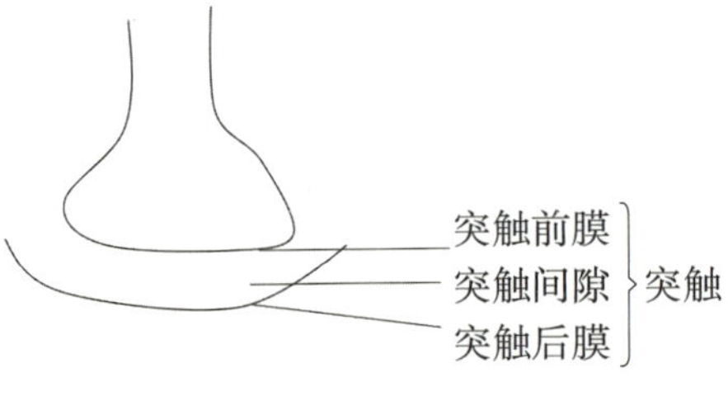 图2-22 突触的结构示意图	在分析突触类型时，对突触前膜就是轴突膜的分析可以为学生理解突触处兴奋的单向传递做好铺垫。 模型图的构建可以帮助学生形成将抽象概念转变成具象模型的思维，提升概括、提炼知识的能力。

单元 2　神经系统通过调控各器官、系统的活动维持机体稳态

续　表

教学环节	课　堂　实　录	专业点评
任务2：探究突触处兴奋的传递方式	**呈现资料** 实验1：已知完成屈反射需要涉及多个神经元及肌肉细胞。1897年，英国神经生理学家谢灵顿在研究狗的屈腿反射时发现，兴奋沿神经纤维传导的速度比兴奋在反射弧上的传播速度要快，前者约为 40 m/s，而后者约为 15 m/s。 **教师设疑**　神经冲动在突触处是以什么方式传递的？是电信号方式吗？ **学生活动**　结合实验1分析讨论后，阐述实验结论并说明依据。 **教师活动**　在学生交流时，引导学生说明得出结论的证据是什么，引导学生从已有的信息中寻找证据支持。 **交流评价**　师生、生生交流评价，得出结论：神经冲动在突触处的传递方式不同于神经冲动在神经纤维上的传导。支持该结论的证据是：神经冲动在突触处的传递比它在神经纤维上的传导要慢。 **过渡**　通过实验1的分析，突触处的信号不同于电信号。那么，突触处是以化学信号的方式来传递兴奋吗？ **呈现资料** 实验2：1921年，科学家洛维把两个正常跳动的蛙心分别放进含有相同成分的营养液中，其中甲蛙心连着完整的副交感神经，乙蛙心被去除副交感神经。随后，他刺激了甲蛙心的副交感神经，甲蛙心跳动减慢。当时副交感神经的这一作用已被大众所知。随后当洛维将甲蛙心的营养液注入乙蛙心的营养液中时，神奇的事情发生了，乙蛙心跳动的速率也大幅度减慢了！ 实验3：1936年，戴尔等人设计了三组对照实验。 A组：用普通的生理溶液灌注肌肉，刺激运动神经，肌肉收缩。在灌注液中发现了乙酰胆碱。 B组：先切断支配肌肉的运动神经，再电刺激肌肉使其收缩。灌注液中没有出现乙酰胆碱。 C组：用箭毒麻痹肌肉，然后再刺激支配肌肉的运动神经。灌注液中发现了乙酰胆碱。 **教师提问**　根据实验，用科学论证模型（图2-23）寻找证据支持或修改自己的猜测。 实验现象（证据）→实验结论→支持或否定实验的结论 ↑ 得出结论的理由（推理）： 图 2-23　科学论证结构模型	学生初步体验了从科学史中寻找证据来支持自己结论的思维过程。

43

教学环节	课 堂 实 录	专业点评
任务2：探究突触处兴奋的传递方式	**学生活动** 阅读资料中的实验2、3，小组讨论后选择合适的内容，找出证据，得出结论，并说明理由。 某小组的科学论证过程：图2-24。 实验现象（证据）：甲蛙、乙蛙的心跳都减慢 → 实验结论：神经-肌肉接点处有化学物质将兴奋传递给肌肉 → 支持实验1的结论 得出结论的理由（推理）： 副交感神经能使心跳变慢；乙蛙没有副交感神经直接支配，但乙蛙心营养液中存在被副交感神经作用后的甲蛙心营养液，甲蛙心营养液发挥作用。推测溶液中存在某种化学物质能传递副交感神经的信息。 图2-24 某小组的科学论证过程 小组代表发表观点： 小组1学生：实验2中甲蛙、乙蛙的心跳都减慢；因为副交感神经能使心跳变慢，乙蛙心没有副交感神经直接支配，但存在副交感神经作用后的甲蛙心营养液的作用，推测溶液中存在某种化学物质能传递副交感神经的信息。因此支持实验1的结论。 小组2学生：我们选择实验3来支持实验1的结论。在实验3的A组灌注液中检测到乙酰胆碱，B组的没有乙酰胆碱，C组灌注液中有乙酰胆碱。由A组结果推测，刺激能引起神经-肌肉标本产生乙酰胆碱；由B组结果推测，肌肉收缩过程本身不能产生乙酰胆碱；由C组结果推测，运动神经元兴奋产生乙酰胆碱。因此可以得出结论：运动神经元兴奋时通过释放化学物质（乙酰胆碱）将兴奋传递给肌肉细胞。 **教师设问** 实验2和实验3哪一个更能支持实验1的结论？ **学生回答** 实验3更有说服力。因为它不仅证明了突触处的信号不同于电信号，同时也明确地证明了运动神经元兴奋时通过释放化学物质（乙酰胆碱）将兴奋传递给肌肉细胞。	对两个实验的分析活动锻炼和考查了学生分析和比较信息的能力，让学生进一步熟悉科学论证的基本过程，并在比较两个实验的过程中体会科学家严谨的科学态度。
任务3：构建神经冲动在突触处传递的流程图	**教师提问** 通过分析资料，我们论证了神经冲动在突触处的传递通常是通过化学物质（乙酰胆碱）传递的方式完成的。那么，这些化学物质是怎样发生传递的呢？ **呈现资料** 资料1：自1951年以来，英国科学家巴纳德·卡兹等研究者利用细胞内记录法，发现当神经冲动来临时，有很多小泡会移动到	

教学环节	课 堂 实 录	专业点评
任务3：构建神经冲动在突触处传递的流程图	突触前膜，乙酰胆碱以一定数量为单位从小泡中释放到突触间隙，并扩散到突触后膜，与突触后膜上的受体结合后使后膜发生电位变化。 资料2：突触的亚显微结构示意图（图2-25），图中细胞甲、细胞乙的细胞膜及两者之间的间隙构成了一个突触结构。 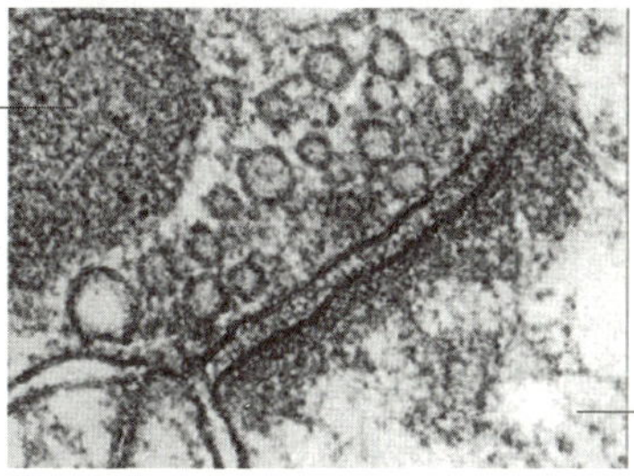 图2-25 突触的亚显微结构图 学生活动　阅读资料，观察突触的亚显微结构图，小组讨论，用科学论证的方法分析兴奋在细胞甲、乙之间的传递方向。某小组的科学论证过程：图2-26。 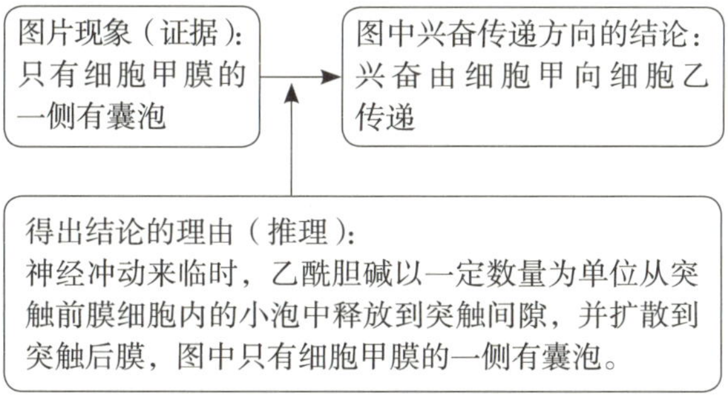 图片现象（证据）：只有细胞甲膜的一侧有囊泡 → 图中兴奋传递方向的结论：兴奋由细胞甲向细胞乙传递 得出结论的理由（推理）：神经冲动来临时，乙酰胆碱以一定数量为单位从突触前膜细胞内的小泡中释放到突触间隙，并扩散到突触后膜，图中只有细胞甲膜的一侧有囊泡。 图2-26　某小组的科学论证过程 教师提问　根据资料和你们小组的结论，你会对突触的结构模式图（图2-22）做哪些补充和完善？ 学生活动　在黑板上完善突触的结构模式图，并说明： 学生1：根据图片和资料，我们在突触前膜内侧补上了突触小泡。小泡里的小圈代表神经递质（乙酰胆碱）。 学生2：根据资料中提到的受体，我们在突触后膜上补上了受体。 教师追问　受体是什么成分？有什么特点？神经递质以什么方式释放？需要消耗能量吗？ 交流评价　受体是细胞膜上与信息传递有关的蛋白质或糖蛋白。神经递质以胞吐的方式释放，消耗能量，因此需要在突触前膜的细胞内补上线粒体结构。完善后的突触结构模式图如图2-27所示。	完善突触结构模式图的过程可以让学生对突触如何实现化学递质的释放有一个更具象的认识，体验结构与功能相适应的生命观念，同时也让学生体悟到科学是一个不断发现和完善的过程。

教学环节	课 堂 实 录	专业点评
任务3：构建神经冲动在突触处传递的流程图	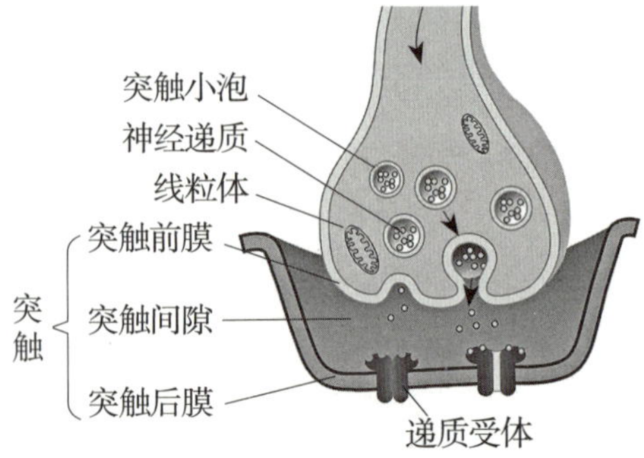 图 2-27 突触的结构模式图（标注：突触小泡、神经递质、线粒体、突触前膜、突触间隙、突触后膜、递质受体；突触包含突触前膜、突触间隙、突触后膜） **学生活动** 结合突触的结构模型，选择图 2-27 中的相关结构或物质，小组讨论、构建兴奋在神经-肌肉接点处传递的流程图（图 2-28）。 轴突兴奋 → 突触小泡 → 突触前膜 →（神经递质）→ 突触间隙 →（神经递质）→ 突触后膜 图 2-28 兴奋在突触处通过化学信号传递 **学生活动** 根据流程图 2-28，讨论、交流后完成以下活动： ① 分析、比较兴奋在突触处的传递速度与其在神经纤维上的传导速度，并说明理由。 ② 从动作电位的产生机理分析乙酰胆碱使突触后膜兴奋的机理。 ③ 5-羟色胺也是一种神经递质，它从突触前膜释放后，能引发突触后膜的负离子（如 Cl^-）通道打开，Cl^- 内流。尝试分析其结果。 **教师总结** 根据不同递质的作用机理，我们可以把递质分为两类：兴奋性递质如乙酰胆碱，能引发突触后膜的正离子（如 Na^+）通道打开，钠离子内流，使突触后膜所在的神经元产生兴奋；抑制性递质如 5-羟色胺，能引发突触后膜的负离子（Cl^-）通道打开，使突触后膜发生超极化，从而抑制神经元兴奋。	在讨论交流中，学生不仅需要理解、内化本课时概念，还需要整合已学概念，从而实现对知识的升华和应用。本环节是单元整体教学中实施形成性评价的重要体现。
任务4：运用动作电位的传递机理解决实际问题	**评价任务** 可卡因是一种兴奋剂，也是一种毒品。观看可卡因相关视频和可卡因成瘾原因示意图（图 2-29），总结可卡因的作用机理，分析可卡因上瘾的原因和危害。	

续表

教学环节	课 堂 实 录	专业点评
任务4：运用动作电位的传递机理解决实际问题	多巴胺、多巴胺转运体、可卡因、多巴胺受体 图 2-29　可卡因成瘾原因示意图 **学生活动**　观看视频和图片，交流讨论后说明可卡因上瘾的原因和危害。 **教师总结**　我们从生物学的角度了解了毒品的危害，我们要珍爱生命，远离毒品。科学研究发现，听音乐、唱歌、阅读、适当的体育运动，都能促进人体分泌多巴胺，让人身心愉悦。希望同学们多多尝试这些可以让人身心愉悦的、健康积极的生活方式。	分析可卡因上瘾的机理让学生进一步理解了受体的数量会影响化学递质的作用。这是对本课时内容的巩固，也是学生思维的一次迁移。同时，分析可卡因的危害也有助于学生形成"珍惜生命，远离毒品"的社会责任感。

（三）教学反思

本课时的亮点主要体现在三个方面：一是真实问题情境驱动学生。以单元问题情境的回顾为课堂导入，既承前启后，又让单元教学内容更加体系化、整体化；以毒品可卡因成瘾的原因和危害这一社会热点话题作为知识迁移应用的背景，不仅可以帮助学生应用和巩固所学知识，同时也能帮助学生建立积极健康的生活方式，渗透社会责任感。二是构建科学论证模型，发展学生生物学核心素养。本课时利用经典的科学实验资料，通过"提出问题—分析实验证据—初步得出主张—寻找证据—完善主张—提出新问题"的论证式探究模型，让学生践行科学家的思维模式，感悟和认同了科学是在不断观察、实验、探索和争论中前进的，从而发展科学思维和科学探究能力。三是以任务为主线，以活动为载体，践行概念建模思想。整个建模过程被分解成了三个逐级深入的内容：突触的结构、神经冲动在突触处的传递方式、神经冲动在突触处的传递机制。每个任务又设置了相应的学生活动：突触结构模型的初步建构、突触结构模型的补充完善、化学递质在突触处的传递流程图的构建。这些活动相辅相成，让学生逐渐内化本课时的概念，同时也体会了结构与功能相适应的生命观念。

本课时存在的不足之处：在学生活动的过程中，我对生成性问题的关注和把握略显不足，学生活动也不够充分。在学习评价上，多维度、多元化的评价略显不足，我注重对学生学习的评价和肯定，而对小组同伴互助式评价和组间生生评价的运用较少。在运用科学论证模式时，学生也不能很好地围绕证据概括结论。如何帮助学生打破固有思维，引导学生从实验资料中寻找证据，规范表述，还需要我进行更多的课堂尝试。此外，本课时科学史资料比较多，对学生的信息处理能力要求较高，学生思考、整理的时间略显不够。

（四）总体评析

建构学习理论认为，知识的理解不能通过灌输实现，它必须是学习者主动获取完成的建构活动。教师作为学习的引发者，怎样设计学习内容引发学生质疑，怎样设计有效的学习活动帮助学生达成概念或观念，获得真正的理解，这些在本课时中都给了我们一个较好的例证。本课时的教学设计和课堂实施表现出以下特点：

1. 深入主题的论证，为理解而教。

理解不能通过灌输来实现，如果要理解重要的观念，仅依靠教师提及是不够的。本课时教师以"情景—任务—活动—评价"为主线，提供了乙酰胆碱发现过程的科学史，让学生经历科学家的论证过程。这种科学论证的方式可以改变单向传授知识的教学模式，实现让学生基于情感态度和价值观去判断和表达。在学生表达各自观点的过程中，教师可以让不同的观点相互印证并产生碰撞；论证式主张的呈现可以将学生头脑中的思想流显性化，帮助学生实现高阶思维的建构，深刻理解概念。

2. 结合模型构建，推动概念建构。

生物学模型是表达生物学结构、生理过程等的一种常用表现形式。在本课时中，教师先基于突触的概念在黑板上画出突触模式图；当学生完成科学论证后，让学生在原突触模式图的基础上绘制乙酰胆碱从突触前膜胞吐到突触间隙，进而扩散到突触后膜与受体结合完成信息传递的过程图；最后引导学生总结本课时需要落实的次位概念。通过化抽象为具体、化微观为宏观、化多样为统一的模型构建，学生能够基于生物学事实和证据归纳、概括、阐述生物学概念，逐步发展科学思维。

3. 关注社会议题，立意社会责任。

在课堂的迁移应用环节，学生通过总结可卡因的作用机理，分析吸毒成瘾的原因和危害，树立了结构与功能相适应的生命观念，形成了健康生活、珍爱生命、远离毒品的观念，提升了社会责任核心素养。

4. 改进建议。

本课时教师在任务2中设置了3个评价问题，旨在评价学生能否分析、比较兴奋传导和传递的区别，能否利用动作电位的产生机理解释突触处兴奋的传递过程是一个从

"电信号—化学信号—电信号"转变的过程,能否利用离子进出引发超极化解释突触后膜无法兴奋的原因,这是基于单元概念完善而设置的课时间的形成性评价。但是本课时任务 1 的教学时间太长,教师在任务 2 和最后的迁移应用环节匆忙收场,导致这 3 个评价问题没有发挥其真正的作用。

(本课时由浙江省富阳中学陈金先老师设计和执教)

课时4 反射是神经活动的基本形式

课堂实录

(一) 课时概念解析

本课时的概念为"神经调节的基本方式是反射(可分为条件反射和非条件反射),其结构基础是反射弧",该概念的建构需要以下基本概念或证据的支持:

1. 神经调节的基本方式是反射,其结构基础是反射弧。
2. 高等动物的反射可分为条件反射和非条件反射。

(二) 课堂实录

教学环节	课 堂 实 录	专业点评
关联单元情境,导入新课	创设情景　基于单元大情境"脑控假肢",以瘫痪少年借助脑控假肢实现足球开球仪式的视频资料为研究对象,学生分析踢球动作所涉及的脑控假肢的结构,再类比人体的结构,引导学生回顾初中阶段所学的反射概念和反射弧结构。 核心问题　反射的结构基础及发生的条件是什么?反射的类型有哪些?	教师从单元情境出发,利用学生的前概念,发展学生的结构与功能观。
任务1:分析反射弧的组成	师生互动　教师随机抽取一位学生到讲台上进行膝跳反射活动。 教师提问 ① 引发踢腿现象的刺激是什么? ② 踢腿的动作与哪些部位的肌肉有关?这些部位的肌肉是否都兴奋? 学生活动 ① 观察膝跳反射的演示活动,回答问题。 ② 基于分析,完善膝跳反射结构图。 教师提问 ① 兴奋在传入神经上的传递形式是什么? ② 兴奋在传入神经和传出神经之间的传递形式是什么? ③ 为什么在反射弧中兴奋的传递是单向的? 学生活动　思考后回答以上 3 个问题。	膝跳反射活动实现了学生对反射概念的感性认识;对反射弧结构和特点的分析和推理提高了学生对本单元相关原理的运用能力,发展了学生的生命观念和科学思维。

续　表

教学环节	课　堂　实　录	专业点评
任务2：探究反射活动发生的条件	**过渡**　反射活动的发生需要哪些条件？兴趣小组进行了相关的探究实验，我们一起来看看他们的实验成果。 **学生活动**　兴趣小组成员一边展示拍摄的脊蛙实验视频，一边解说实验现象，阐明实验结论： 实验1：分别用在清水或者1%硫酸中浸泡过的滤纸片刺激两只脊蛙的趾部皮肤，结果发现，在1%硫酸中浸泡过的滤纸片能使脊蛙发生屈腿反射。说明反射活动需要适当的刺激。 实验2：将3只脊蛙分别剥去趾部皮肤、剪断坐骨神经、捣毁脊髓，使得它们的屈腿反射消失。说明反射活动需要完整的反射弧。 **师生总结**　反射活动的发生需要两个条件，外在需要适宜的刺激，内部需要完整的反射弧结构。 **教师提问**　脊蛙实验中去除蛙脑的目的是什么？脑部神经可以影响反射活动吗？ **学生活动**　思考后回答：脊蛙实验中去除蛙脑的目的是排除脑部神经对屈腿反射的影响。	从"反射活动发生的条件"出发，学生进行了实验的实施和分析、交流，达成了科学探究能力的发展。
任务3：比较条件反射和非条件反射	**过渡**　反射包括条件反射和非条件反射，两者有哪些区别？我们先来做一个小游戏。 **学生活动**　学生两两进行打手游戏，分析打手游戏中发生的反射活动类型。 **教师提问** ①A同学的手打到B同学的手时，B同学会发生什么反射活动？ ②在这个过程中，B同学是先缩手还是先感受到疼痛？分析原因。 ③多次游戏后，A同学的假动作也会引发B同学缩手，为什么？ **学生活动**　根据已学的知识，从形成时间、中枢类型、持续情况、意义和相互关系几个方面列表比较非条件反射和条件反射（表2-2）。 表2-2　非条件反射和条件反射的比较 	比较项目	非条件反射	条件反射
形成时间	先天形成	后天形成
中枢类型	除大脑皮层以外的神经中枢	大脑皮层参与
刺激结果、持续情况	固定的，不会消退	暂时的，可以消退
意义	使人和动物能够初步适应环境	提高人和动物适应环境变化的能力
相互关系	非条件反射是条件反射建立的基础，条件反射建立之后要维持下去，还需要非条件反射的强化			教师利用"打手游戏"引出条件反射的概念，结合学生的前概念，引导学生归纳、概括条件反射和非条件反射的区别，以达成生命观念和科学思维核心素养落实。

续　表

教学环节	课　堂　实　录	专业点评
任务3：比较条件反射和非条件反射	呈现资料　巴普洛夫的条件反射实验。 教师总结　非条件反射是生来就具有的先天性反射。条件反射是在非条件反射的基础上，非条件刺激和无关刺激同时反复出现，无关刺激转化为条件刺激，最后形成条件反射。条件反射是人们在生活过程中建立起来的反射，是大脑皮层参与的高级神经活动。	
任务4：迁移应用	评价任务　用已学的知识，对以下两位患者（图2-30）做出合适的诊断。 门诊病历 姓名：张三　性别：男　年龄：46 号别：神经外科 主诉：双腿不能运动 病史：交通事故导致脊椎受伤 体检：双腿针刺无感觉，存在膝跳反射 主要诊断：＿＿＿＿＿＿＿＿ 门诊病历 姓名：李四　性别：男　年龄：32 号别：神经外科 主诉：左腿不能运动 病史：交通事故导致脊椎受伤 体检：左腿针刺有感觉，不存在膝跳反射 主要诊断：＿＿＿＿＿＿＿＿ 图2-30　两位患者的症状陈述表 学生活动　诊断病例，并说明诊断依据。在这个过程中，学生提出了一个问题"以脊髓与大脑为代表的神经中枢和高级神经中枢是如何协调各种生理活动的"，这为单元后续内容的学习搭建了思维进阶的脚手架。	基于对反射和反射弧概念的理解分析和解决简单的医学诊断问题，有助于学生进一步关注健康，关注生命。

（三）教学反思

本课时的亮点主要体现在三个方面：一是课堂引入紧扣单元情境。本课时从单元情境"脑控假肢"出发，利用脑控假肢踢球的例子引导学生结合初中已学知识回顾反射的概念和结构基础。二是学生活动注重真实体验。反射是神经调节的基本方式，与生物适应环境息息相关，人体的许多反射活动都与日常生活密切相关，因此我引用了一些常见的简单反射活动如膝跳反射、打手游戏以让学生更直观地感知反射这个概念，从而帮助学生概括反射的结构基础、分析反射的特点；利用脊蛙实验汇报活动实现了学生从学习者转变为研究者、引导者，促成了生生互助学习。三是课后评价体现社会责任。我以两个病例分析为评价任务，将真实情境作为背景资料，学生运用反射相关的内容诊断病因，达成了社会责任核心素养的有效落实。

本课时存在的不足之处：脊蛙实验是兴趣小组的学生课前录制的，如果能让学生在课堂上展示实验操作和现象，然后其他学生分组分析实验，则可以更好地促进所有学生参与分析和讨论，从而更好地达成科学探究能力核心素养的落实和发展。

（四）总体评析

学生的学习，不是被动地去容纳外来知识的灌输，也不是从实践开始的盲目试误，而是通过主动的、有目的的活动，对人类已有认知成果及其发现过程的学习和体验，它需要学生全身心地投入，真正成为教学活动的主体。本课时的教学设计和课堂实施表现出以下特点：

1. 体验与反思更迭，发展科学思维。

"活动与体验"是深度学习的核心特征，"活动"是指以学生为主体的主动活动，"体验"是指学生作为个体全部身心投入活动时的内在体验，是学生获取信息的一个重要途径。积极的学习体验能促进学生有效建构概念。本课时中教师设计了膝跳反射和打手游戏体验活动，在这两个活动的开展过程中都有很重要的反思环节。教师利用膝跳反射中不同肌肉的兴奋情况引导学生反思突触处神经递质的种类，利用科学史实验引导学生反思条件反射建立的过程，这种体验与反思更迭的学习方式能帮助学生发展科学思维，实现对概念的自主建构和深度理解。

2. 基于问题的学习，促进思维进阶。

教师通过膝跳反射体验活动确立了学习目标，进而引发驱动性问题，引导、支持兴趣小组在课前设计脊蛙实验并实践操作；之后，通过让学生讲解、分析和评价实验操作及其结果的差异，自主建构了"反射的结构基础是反射弧"次位概念。这种基于问题的学习可以发展学生的问题意识、合作意识、科学探究意识和批判性思维，有效促进学生形成具有创造性的高阶思维。

3. 承接单元整体教学，促进概念建构。

本课时的情境承接了整个单元的境脉，依次引出分析反射弧的组成、探究反射活动发生的条件、比较非条件反射和条件反射3个递进式的任务，为本课时概念的学习搭建了脚手架。此外，本课时的形成性评价也延续了单元整体教学的理念。例如，在完成反射弧组成的概念建构后，教师马上提出3个问题，以评价学生能否基于反射弧结构理解并应用兴奋传导和传递的内容，这使得相互割裂的概念有机地整合在一起，促进了本单元重要概念的建构。

4. 改进建议。

本课时学习的内容很多是学生的前概念，课堂氛围比较轻松。教师可以考虑增加一个学生体验和反思的环节，如在打手游戏后奖励赢的学生一个（酸）橘子并当堂剥开吃，然后再让学生分别分析吃和看的同学的唾液分泌情况。这样有趣又真实的课堂活动可以让学生在体验和反思中深入理解条件反射和非条件反射的区别。其次，教师需要及时抓住并反复利用课堂的生成性问题。如在膝跳反射活动中出现敲击后没有反应的现象，教师曾引导学生不要紧张，防止大脑参与反射活动。这个生成性问题如果在课堂最后再次利用，那么就可以为下节课脑和脊髓之间的关系做铺垫，把学生思考的空间从课堂延伸到课后，效果也会更好。

（本课时由杭州市富阳区江南中学邹军燕老师设计和执教）

课时5　人体通过神经调节对刺激做出反应

（一）课时概念解析

本课时的概念为"位于脊髓的低级神经中枢和脑中相应的高级神经中枢相互联系、相互协调，共同调控器官和系统的活动，维持机体的稳态""中枢神经系统通过自主神经来调节内脏的活动""语言活动和条件反射是由大脑皮层控制的高级神经活动"，这些概念的建构需要以下基本概念或证据的支持：

1. 脑和脊髓中的神经中枢调控器官、系统的活动。
2. 语言活动是由大脑皮层控制的高级神经活动。
3. 植物性神经调节内脏的活动。

本课时是单元2的最后一个课时，除了需要落实3个次位概念，还要完成单元教学的评价任务，因此教学时间安排为60分钟。

（二）课堂实录

教学环节	课　堂　实　录	专业点评
关联单元情境，提出核心问题	创设情境　移接脑控假肢的个体能用大脑控制机械臂，能感知来自假肢的触觉反馈。假肢与视觉相结合，使抓取和转移物体的时间减半，且更容易操纵。 核心问题　人脑是如何将信息传递到机械臂并控制其做出相应的运动的？	单元大情境的进一步剖析加大了学生思考问题的深度和广度。

续 表

教学环节	课 堂 实 录	专业点评
任务1:分析脑和脊髓的结构和功能	**过渡** 结构决定功能,那么脑和脊髓有怎样的结构呢? **学生活动1** 小组合作,阅读教科书,通过观察、比较、归纳构建脑和脊髓的概念模型(图2-31),并做出说明:中枢神经系统包括脑和脊髓,脑包括大脑、小脑和脑干,脊髓内部分为白质和灰质两个区域。  脑 ─┬─ 大脑 　　├─ 小脑　　　脊髓 ─┬─ 白质 　　└─ 脑干　　　　　　　└─ 灰质 图2-31　脑和脊髓结构的概念模型 **教师活动** 介绍脑和脊髓的结构和功能。并提问:大脑皮层是调节机体活动的最高级中枢,我们在大脑模型中看到了很多沟回。这些沟回有哪些功能呢? **学生活动2** 小组合作,阅读教科书,对照人脑模型,把大脑皮层的各个区域标注在头盔上,并用贴纸写上名称,贴在相应位置上。学生标注的头盔模型如图2-32所示。 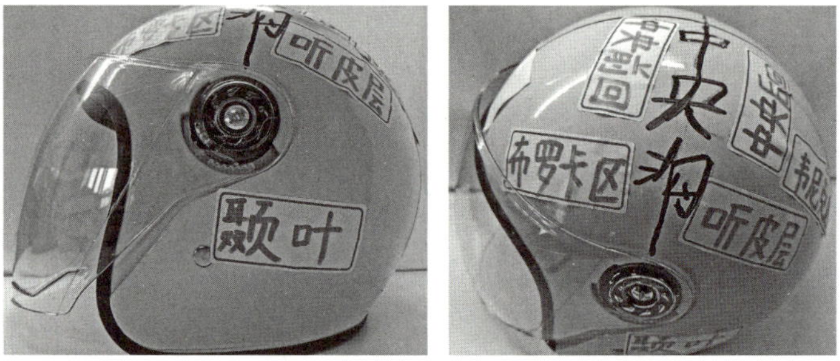 图2-32　大脑皮层结构区块示意图 以小组为单位上台展示头盔,并讲解各个部位的名称,其他小组进行点评。 **教师小结** 大脑皮层各部位的控制特点我们可以总结为:运动感觉竖中央,语言中枢依两旁,运感之下是听觉,视觉中枢脑后方。 **图片展示** 大脑皮层中央前回控制躯体运动的区域结构图。 **师生小结** 中央前回控制的特点: ① 上下倒置支配。 ② 左右交叉支配。 ③ 身体各部位在该区投射范围的大小与躯体运动的精细复杂程度有关。中央后回体觉区的特点也类似。	学生运用归纳与概括的科学思维初步构建本课时的知识框架。教师再引导学生基于事实,采用建模方法以恰当的形式说明大脑皮层的相关概念。

续 表

教学环节	课 堂 实 录	专业点评
任务1:分析脑和脊髓的结构和功能	呈现病例　某三位患者由于大脑皮层受损，产生了相应的病症（表2-3）。 表2-3　三位患者主要症状陈述表 | 患者	主　诉	诊断结果
患者A	能听懂别人说话，能用面部表情和手势同别人交流思想，但说话非常困难。经检查发现，病人与说话有关的肌肉和发声器官完全正常	
患者B	能主动说话，听觉也正常，但听不懂别人说话，连自己说的话也听不懂	
患者C	大脑皮层因撞击受伤，受伤后右腿不能运动，医生初步诊断后发现他的右腿无力	| 教师提问　三位患者的患病原因分别是什么？大脑皮层受损区域分别是哪里？对应区域的功能是什么，它在大脑皮层模型中的位置是哪里？ 学生活动3　通过对病例的分析，说出大脑皮层各部位的功能： 学生1：患者A可能是布罗卡区发生了病变。因为布罗卡区为语言的运动中枢，主要功能是编制发音程序。 学生2：患者B可能是韦尼克区受损，因为韦尼克区控制语言的理解。 学生3：患者C可能是左半球大脑皮层中央前回受损，左半球大脑皮层中央前回是控制右侧躯体的运动中枢。 过渡　那么，脑和脊髓的功能有没有相互联系呢？ 呈现病例　患者A病症诊断表（表2-4）。 表2-4　患者A病症诊断表 | 病　史

受伤过程：失足从高处坠落，臀部着地摔伤，CT检查见第11胸椎压缩性骨折，脊髓受压
病症：局部明显压痛，双下肢瘫痪，感觉丧失。有排尿活动，但不受控制
诊断结果：结合其他检测，诊断为胸腰段脊柱脊髓损伤	 教师提问　患者A排尿活动不受控制的原因是什么？ 学生活动4　分析病例后得出：脑为高级中枢、脊髓为低级中枢，而脑和脊髓通过神经束上下行传导。完善脑和脊髓的关系模型图。	学生运用归纳与概括的方法分析病例和资料，基于结构与功能观逐步形成课时知识框架。

续 表

教学环节	课 堂 实 录	专业点评
任务1:分析脑和脊髓的结构和功能	**教师提问** 无论是脑还是脊髓,都属于中枢神经系统。中枢神经系统是如何控制反射活动的? **呈现资料** 当你在野外草地上玩耍时,看见草丛里突然窜出一条蛇。于是,你瞬间非常紧张,心跳加快,呼吸急促。此时,你可能撒腿就跑,也可能原地不动,冷静地应对。 **教师提问** 该过程涉及哪几种反射活动?你可以控制自己是否跑开,但不能控制自己的心跳,这是为什么? **学生活动5** 分析案例,阐明中枢神经系统通过周围神经系统控制反射活动。 **交流评价** 师生交流,再次完善脑和脊髓的关系,以及中枢神经系统与周围神经系统的关系(图2-33)。 活动4完善 → 中枢神经系统:高级中枢:脑(大脑、小脑、脑干);上行传导↕下行传导;低级中枢:脊髓(白质、灰质) 活动5完善 → 周围神经系统:传出神经/传入神经→躯体反射(受意识支配)意义:趋利避害;传出神经/传入神经→内脏反射(不受意识支配)维持稳态;交感神经↕拮抗↕交感神经 图2-33 中枢神经系统和周围神经系统的关系	学生用概念图的形式,从结构与功能观、稳态与平衡观的角度理解大概念"生命个体的结构与功能相适应,各结构协调统一共同完成复杂的生命活动,并通过一定的调节机制保持稳态"。
任务2:分析中枢神经系统通过植物性神经调节内脏活动的特点	**呈现资料** 控制内脏器官的传出神经称为植物性神经,植物性神经包括交感神经和副交感神经,它们对内脏的作用如教科书图2-17"植物性神经包括交感神经和副交感神经"所示。 **教师提问** 不同身体状态下,植物性神经对内脏的作用分别是怎样的? **学生活动** 阅读教科书图2-17,小组讨论运动或静坐时,呼吸、心率和胃肠蠕动分别是怎样变化的。比较这两种状态下这些生理活动的特点,分析其目的和意义。 **交流评价** 运用稳态与平衡观分析运动与静坐时,交感神经和副交感神经分别对呼吸、心率和胃肠蠕动的作用,解释为什么饭后不能剧烈运动,阐明中枢神经系统对内脏的意义是维持稳态与适应环境。	学生运用稳态与平衡观解决生活中存在的实际问题,有助于形成珍爱生命的观念。

56

续 表

教学环节	课 堂 实 录	专业点评
任务3：概述脑和脊髓在神经调节中的作用	**教师提问** 通过对前面活动的分析，脑和脊髓在神经调节中有哪些作用？ **学生活动** 思考和讨论，归纳和整理： 脑和脊髓中的神经中枢相互联系、相互协调，共同调控器官和系统的活动，维持机体的稳态；中枢神经系统通过自主神经来调节内脏的活动；语言活动和条件反射是由大脑皮层控制的高级神经活动。	学生运用归纳与概括的科学思维方法，运用结构与功能观、稳态与平衡观理解本课时的概念。
任务4：关联单元情境，构建单元概念的脉络	**评价任务** 北京时间2021年10月4日，2021年诺贝尔生理学或医学奖获奖人选正式揭晓。来自美国的戴维·朱利叶斯和雅顿·帕塔普蒂安由于发现了温觉和触觉的受体而获得了此次诺贝尔生理学或医学奖。如果给安装了脑控假肢的个体装上温觉、触觉感受器，那他不经意拿到一杯热水时，他会做出怎样的反应？该反应具体是通过怎样的过程实现的？请根据上述问题整理和绘制本单元的概念图。 **学生活动** 思考并回答问题，在课后将本单元知识用概念图的形式进行归纳总结（图2-34）。 图2-34 神经调节单元的概念图	教师结合最新资讯分析单元情境，激发了学生的探知欲望。在给定的问题情境中，学生运用单元知识分析、解决了实际问题。

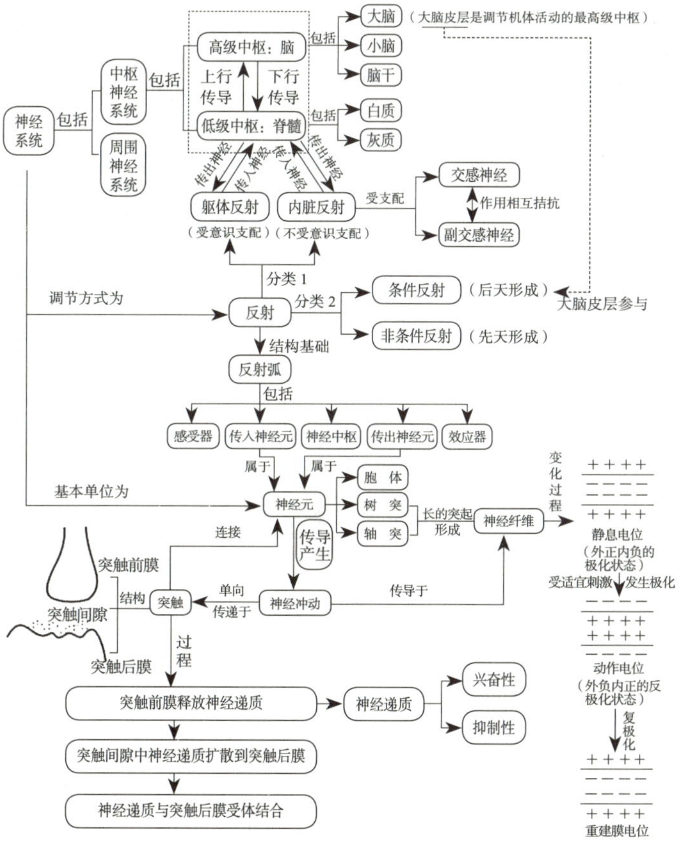

（三）教学反思

本课时的亮点主要体现在三个方面：一是通过资料分析、归纳、概括逐步建构概念图，发展学生的科学思维。学生运用结构与功能观、稳态与平衡观说明脑和脊髓在结构和功能上的关系，能基于病例分析和科学事实，运用归纳与概括、模型与建模等科学思维方法小组合作，逐步完善人体通过神经调节对刺激做出反应的概念图，发展了运用思维导图归纳生物学知识的科学思维。二是贯彻单元情境，激发深度学习。本课时基于单元大情境导入，学生深入思考脑控假肢是如何将信息从大脑传递到机械臂并让机械臂进行相应的运动的，这为结构与功能观、稳态与平衡观的发展做好铺垫。在课时总结环节，我提出了信息资讯：科学家因发现了温觉和触觉的受体而获得了诺贝尔生理学或医学奖，并提出相关问题激发学生的学习兴趣，同时也实现了与单元大情境的首尾呼应。学生通过对这些问题的思考，将单元知识进行整合，体现了在单元整体教学的过程中学生学习的连续性。三是小组合作构建物理模型，将微观概念具体化。大脑皮层的结构学生无法显性感知，其相关知识属于事实性知识，学生在记忆上存在一定的难度。我利用头盔模型直观展示大脑皮层各部位的位置和名称以帮助学生记忆，也让学生明确了模型与原型的关系，领悟了模型建构在学习过程中的重要作用。

本课时存在的不足之处：一是对学生回答的点评较为简单、不够深入，无法激发学生的成就感，也无法通过师生互评产生更多的生成性问题，课堂深度不够。二是我对课堂节奏的把握不到位，单元整体教学的总结略显仓促，应让学生多表达自己的想法、多分析问题，再结合生生互评、师生互评完成单元整体教学。

（四）总体评析

本课时是本单元的收尾一课，在单元情境的创设下，聚焦重要概念"神经系统能够及时感知机体内、外环境的变化，并做出反应调控各器官、系统的活动，实现机体稳态"，指向素养，落实评价。本课时的教学设计和课堂实施表现出以下特点：

1. 优化任务和活动，促进概念间的内在联系。

布鲁纳强调："不论我们教什么学科，务必使学生理解学科的基本结构。"而学生要理解学科的基本结构，必须具备相应的认知结构、思想结构和心理结构。本课时涉及3个次位概念，从表面上看，概念之间相对零散和断裂。为了让学生明确三者之间的联系，教师设置了3个任务，再通过4个活动推进学习，这种用"任务—活动"模式助推学习内容有意义的结构化整合，可以将散乱的知识连线结网，让学生感悟概念间的内在连贯性，帮助学生发展以重要概念为单元整体的思维体系。

2. 设计有效的表现性评价任务，助推重要概念的整体建构。

怎样实现单元情境贯穿本单元的学习目标和评价目标，实现大单元"情景—任务—活动—评价"的有效衔接，本课时是一次很好的尝试。在概念为本的单元中，有效的表现性评价需要能够展示学生知道的事实性知识、理解的概念性知识以及拥有的技能。本课时是本单元的最后一课，为了将单元评价转化为有效的表现性评价任务，教师融合了诺贝尔奖和单元情境，开发出真实的表现性评价任务——构建本单元的概念图，让学生在解释和解决问题中寻找相关次位概念间的连接点，实现迁移和持续理解相关重要概念的目标。这种"用现实活化理论，用理论照亮现实"的学习方式，能让学生充分感悟生物科学的价值，落实了生物学核心素养的发展。

3. 创设自主课堂的学习共同体，促进有效的合作学习。

建构主义理论认为，学习的实质是学习者积极主动地进行有意义构建的过程。合作学习可以增强学生的学习动机，提高学生的社会凝聚力，促进学生的个性化发展。基于教学内容，教师在本课时中构建了师生学习共同体，把课堂打造成师生、生生互动交流以及充分展示的场所。教师通过自主阅读教科书、小组合作讨论、构建人脑模型、展示交流模型、病例分析等活动，引导学生主动参与学习、体验知识、正确认识自我。学生经历了初构概念、理解概念、完善概念、应用概念等过程，教师从中也看到了学生学什么、怎么学、学得怎样，这样的教和学是有效的，也是深刻的。

4. 改进建议

建议教师进一步改进课堂的即时性评价。即时性评价是教师结合学生的表现而做出立即反馈、口头评价的教学行为，是课堂教学评价的方式之一，占据着重要的位置。本课时教师常用的评价语言只是简单的肯定，对学生的评价都很笼统，过于平淡，这对于激发学生自主探究学习的积极性来说，发挥不了很好的作用。此外，建议教师设计表现性评价的评价标准。在课堂的最后，教师设置了一个表现性评价任务，但没有提供评价标准，因此在任务开始之前，学生不能很明确地了解任务的方向和预期的成果。如果教师提供一个评价量规，则可以使教师和学生有效评估任务的开展情况和成效。

（本课时由杭州市富阳区江南中学董婷老师设计和执教）

单元 3

内分泌系统通过多种激素的调节作用实现机体稳态

专家解读

一、单元教学分析

本单元内容与必修 1 模块细胞的分子组成、细胞膜的功能、物质出入细胞的方式等内容具有密切联系。同时，体液调节与内环境稳态、神经调节和免疫调节等是建构"生命个体的结构与功能相适应，各结构协调统一共同完成复杂的生命活动，并通过一定的调节机制保持稳态"这一大概念的重要内容。本单元主要从参与体液调节的物质、体液调节的特点、体液调节的机制，以及体液调节与神经调节的关系这几个方面来建构重要概念。本单元需要解决的关键性问题是：内分泌腺产生的激素如何与其功能间建立对应关系？如何理解体液调节的机制？如何通过实例分析神经调节与体液调节之间的联系？从而促使学生建构"机体各结构协调统一共同完成复杂的生命活动"的大概念。

经过前面两个单元的学习，学生已经建构了"内环境为机体细胞提供适宜的生存环境，机体细胞通过内环境与外界环境进行物质交换"和"神经系统能够及时感知机体内、外环境的变化，并做出反应调控各器官、系统的活动，实现机体稳态"这两个重要概念，初步掌握了模型与建模的科学思维方法。本单元涉及大量的实验研究方法和研究案例，学生可以通过了解科学家的探究方法发展科学探究能力，发展尊重事实和证据、敢于质疑和批判的科学思维方法，理解健康生活方式对维持人体内环境稳态、预防疾病的意义。

二、单元概念解构

本单元聚焦重要概念"内分泌系统产生的多种类型的激素，通过体液传送而发挥调节作用，实现机体稳态"。该概念是在"质膜能控制物质进出，并参与细胞间的信息交流""内环境为机体细胞提供适宜的生存环境，机体细胞通过内环境与外界环境进行物质交换"和"神经系统能够及时感知机体内、外环境的变化，并做出反应调控各器官、系统的活动，实现机体稳态"这 3 个重要概念的基础上形成的，这 4 个概念共同支撑大概念"生命个体的结构与功能相适应，各结构协调统一共同完成复杂的生命活动，并通过一定的调节机制保持稳态"的建构。本单元对应4个次位概念，这些概念之间的关系如图3-1所示。

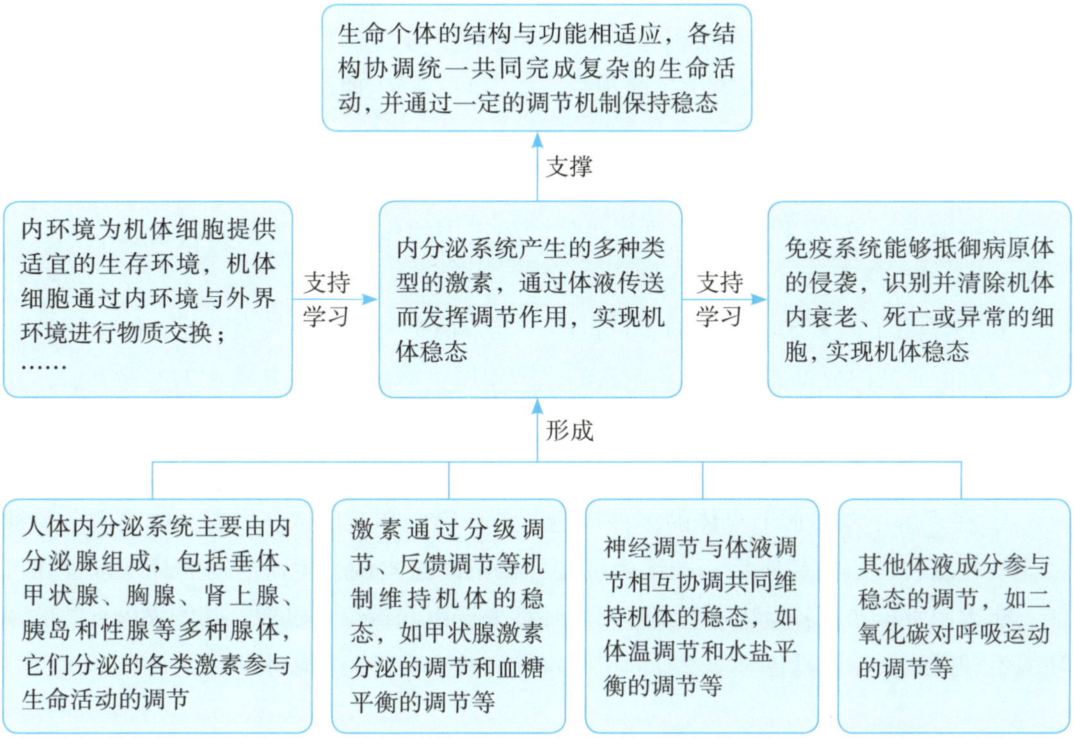

图3-1 单元3相关概念间的关系

三、单元目标

（一）学习目标

1. 通过认识体液调节的物质基础、结构基础，分析体液调节的机制，领会人体的内分泌系统是一个统一的整体，发展系统观，认同结构与功能观及内环境维持稳态的生命观念。

2. 通过对不同激素调节生命活动过程的分析，构建分级调节和反馈调节机制，发展归纳与概括、模型与建模、批判性思维等科学思维方法。

3. 运用科学方法分析和研究内分泌腺的功能和激素的生理作用，掌握研究动物激素的实验方法，发展动手操作、分析现象解决问题的能力和逻辑思维，综合提升科学探究核心素养。

4. 通过分析大脖子病、呆小症、糖尿病等疾病，增强理论联系实际的意识，提升社会责任感。

（二）评价目标

1. 在认识了人体内分泌系统分泌的各类激素参与调节生命活动后，能运用结构与功能观、稳态与平衡观解释有关生命现象，能说明不同生理现象之间的特征和差异。需要具备生命观念的二级水平。

2. 在学习了神经系统通过下丘脑控制内分泌系统后，能用模型、概念图等解释激素的分级调节、反馈调节机制在维持机体的稳态中的作用。需要具备科学思维的三级水平。

3. 在学习了激素调节身体的多种机能、维持稳态和调节生长发育后，能运用科学方法分析、研究内分泌腺的功能和激素的生理作用，掌握研究动物激素的实验方法，并能对实验现象进行分析，得出结论，尝试设计类似的实验方案。需要具备科学探究的三级水平。

4. 在理解了激素调节身体的多种机能以维持稳态和调节生长发育、体液调节与神经调节相互协调维持稳态后，能运用模型分析不同激素调节生命活动的具体过程和机制，能运用所学知识和生物学事实解释内环境失调引起疾病的机理，并能提出有效的预防或治疗措施。需要具备科学思维的三级水平和社会责任的四级水平。

四、单元教学思路

（一）单元情境

某市妇幼保健院的金医生是当地小有名气的儿科专家，不少就诊者慕名而来。来就诊的患儿症状各异，有肥胖、性早熟、生长发育迟缓等。

（二）核心任务

分析由内分泌异常引起的多种疾病的发病机理，解释不同激素在调节机体稳态过程中的作用机制。

（三）教学流程

以支撑本单元重要概念所需的次位概念为课时学习主题，课时教学以问题、任务、活动与评价为主线展开。本单元分为5个课时，教学流程如图3-2所示。

单元 3　内分泌系统通过多种激素的调节作用实现机体稳态

重要概念	生命个体的结构与功能相适应，各结构协调统一共同完成复杂的生命活动，并通过一定的调节机制保持稳态

| 次位概念 | 人体内分泌系统主要由内分泌腺组成，包括垂体、甲状腺、胸腺、肾上腺、胰岛和性腺等多种腺体，它们分泌的各类激素参与生命活动的调节；其他体液成分参与稳态的调节，如二氧化碳对呼吸运动的调节等（课时1） | 激素通过分级调节、反馈调节等机制维持机体的稳态，如甲状腺激素分泌的调节和血糖平衡的调节等（课时2） | 人体内分泌系统主要由内分泌腺组成，包括垂体、甲状腺、胸腺、肾上腺、胰岛和性腺等多种腺体，它们分泌的各类激素参与生命活动的调节；激素通过分级调节、反馈调节等机制维持机体的稳态，如甲状腺激素分泌的调节和血糖平衡的调节等（课时3、4） | 神经调节与体液调节相互协调共同维持机体的稳态，如体温调节和水盐平衡的调节等（课时5） |

| 问题 | 激素调节是如何被发现的？激素是怎样发挥作用的？ | 神经系统如何影响内分泌系统？下丘脑和垂体、垂体分泌的激素和靶器官之间分别有什么联系？ | 哪些激素与人体的生长发育有关，它们如何发挥作用？糖尿病的产生机理是什么？人体如何维持血糖平衡？ | 人体体温有何特点？机体如何调节以维持体温恒定？ |

| 任务 | 分析体液调节的发现过程；构建人体激素调节的模型 | 探寻甲状腺肿大的病因；构建"下丘脑—腺垂体—靶腺"的分级调节和反馈调节模型 | 分析由激素分泌异常引起的多种疾病的发病机理；阐明激素能调节身体的多种机能，构建调节模型 | 构建体温调节模型，明确神经-体液调节机制在维持内环境稳态中的重要意义 |

| 活动 | 分析激素调节的发现过程；构建人体激素调节的模型 | 分析甲状腺肿大的病因，解释反馈调节机制；构建甲状腺激素分级调节模型 | 区分甲亢、甲减、性早熟、侏儒症等的病因，辨析各种激素的生理功能；构建血糖平衡调节的模型，解释糖尿病的发病机理 | 分析神经调节与体液调节的不同点和联系；构建体温调节的模型，解释体温平衡的机制 |

| 评价 | 运用假说-演绎法分析一般科学问题；阐述内分泌系统的组成和体液调节的一般作用方式 | 利用体液调节的概念和激素反馈调节模型解释相关病例的病因 | 利用对照实验分析不同激素的功能，补充与完善调节模型；说出有利于身心健康的生活方式 | 运用神经-体液调节解释体温恒定的机制；解释健康生活方式对于维持人体内环境稳态、疾病预防的意义 |

图 3-2　单元 3 教学流程

五、课时教学实例

课时1 人体内分泌系统分泌的各类激素参与生命活动的调节

(一)课时概念解析

本课时的概念为"人体内分泌系统主要由内分泌腺组成,包括垂体、甲状腺、胸腺、肾上腺、胰岛和性腺等多种腺体,它们分泌的各类激素参与生命活动的调节""其他体液成分参与稳态的调节,如二氧化碳对呼吸运动的调节等",该概念的建构需要以下基本概念或证据的支持:

1. 除了神经调节,机体还存在着一个通过化学物质的传递来调节生命活动的方式。

2. 内分泌系统通过分泌激素发挥调节作用,具体有参与内环境稳态的调节、代谢活动的调节、生长发育过程的调节。

3. 激素会随体液运输自动寻觅靶细胞,靶细胞带有与激素分子特异性结合的受体。

(二)课堂实录

教学环节	课 堂 实 录	专业点评
创设单元情境,提出核心问题	**单元情境** 某市妇幼保健院金医生是当地小有名气的儿科专家,不少就诊者慕名而来。来就诊的患儿症状各异,有肥胖、性早熟、生长发育迟缓等。为什么不同病症的孩子要找同一位医生就诊?请推测该医生可能属于哪一个科室。 **学生活动** 基于材料和生活常识,分析得出金医生应该是儿童内分泌科的专家。 **核心问题** 激素调节是如何被发现的?激素是怎样发挥作用的?	从真实情境入手,提出本单元的核心问题,可以让学生体会到生物学与生活的密切联系。
任务1:探究激素调节的发现过程	**引导** 激素对于生命活动的调节有着非常大的作用,但是在很长一段时间里,人们都认为神经调节是生命活动唯一的调节方式,直到20世纪初人们才发现了第一种激素。 **呈现资料** 1850年,克劳德·伯尔纳发现酸性食糜进入小肠会引起胰液分泌。这一发现并没有引起世人的注意。1894年,俄国巴甫洛夫实验室的生理学家道林斯基再一次发现了这一现象。 **教师提问** 酸性食糜对小肠的刺激最终导致了胰腺分泌胰液。那么,信息是如何从小肠传递到胰腺的? **学生活动** 小组讨论分析后,得出两种假设: ①盐酸刺激了小肠中的感受器,经由反射弧引起胰腺分泌胰液。 ②盐酸被小肠吸收后,经由血液循环直接刺激胰腺分泌胰液。 **教师提问** 如何设计实验探究假设①或假设②呢? **学生活动** 小组讨论,得出实验方案:	激素发现史的学习可以培养学生"运用科学的方法认识事物"的科学思维,引导学生发现各种激素的共同特征,建立结构与功能相适应的生命观念。

续 表

教学环节	课 堂 实 录	专业点评
任务1：探究激素调节的发现过程	假设①探究实验方案： 实验①：稀盐酸 —注入→ 狗上段小肠肠腔。 实验②：稀盐酸 —注入→ 已切除神经的狗上段小肠肠腔。 教师追问　那么假设②该如何探究呢？ 学生回答　可以将稀盐酸注入狗的血液中进行探究。 教师小结　法国生理学家沃泰默也设计了和你们相同的实验。 呈现资料　1901—1902年，法国学者沃泰默把实验狗一段游离小肠袢的神经全部切除，只保留动脉和静脉与身体其他部分相连。他把盐酸溶液输入这段小肠袢后，仍能引起胰液分泌。 假设②探究实验方案： 实验①：稀盐酸 —注入→ 狗上段小肠肠腔 —结果→ 胰腺分泌胰液。 实验②：稀盐酸 —注入→ 已切除神经的狗上段小肠肠腔 —结果→ 胰腺分泌胰液。 实验③：稀盐酸 —注入→ 狗的血液 —结果→ 胰腺不分泌胰液。 学生活动　根据资料分析，发现假设①和假设②都不成立。 引导　确实，通过实验我们发现两个假设都是错误的。但是，沃泰默认为：小肠上微小的神经难以剔除干净，并且这个反射活动是一个十分顽固的神经反射。当时，生命活动通过神经系统来调节这个观念是权威的论断，沃泰默也始终深信这一点，这让他与真理擦肩而过。通过这三个实验，我们知道了胰液的分泌既不是盐酸的直接刺激，也不是神经调节的结果，那究竟是什么在调节呢？ 在神经调节中，电信号通过转化成化学信号再转化成电信号完成信息的传递。那么，这个反射活动是否也存在这样的信号转换呢？ 学生活动　类比神经调节中的信号转换模式，讨论得出胰液分泌过程中可能存在的类似情况，提出可能是盐酸刺激小肠产生了某种物质，这种物质再通过血液运输，作用于胰腺。 教师评价　信号的转换在生命活动的调节中是一种常见的现象。你们的解释应该是一种合理的假设。 呈现资料　斯他林和贝利斯在阅读了沃泰默的论文后，立即用狗重复了实验，证实了用盐酸溶液处理这段切除神经的小肠袢确实能引起胰液的分泌。他们深信神经被完全切除。对此，他们提出了一个大胆的假设——盐酸刺激小肠黏膜产生了一种化学物质，该物质随着血液循环到达胰腺，引起胰腺的分泌。 学生活动　设计实验验证这个假设。小组讨论，得出实验方案： 实验④：小肠黏膜＋稀盐酸 —磨碎→ 制成提取液 —注射→ 狗静脉。 教师小结　斯他林和贝利斯也设计了和你们相同的实验，结果是胰腺分泌了胰液。这个实验有力地证明了该假设的正确性，而这个化学物质后来被命名为促胰液素。	

续　表

教学环节	课　堂　实　录	专业点评
任务2：分析激素调节的作用方式	**引导**　促胰液素是人类发现的第一种激素，它的发现动摇了机体完全由神经系统调节的思想，并由此产生了"激素调节"这个新概念，以及通过血液循环传递激素的"内分泌"方式，从而建立了"内分泌学"这个新领域。激素究竟是以怎样的方式在发挥作用呢？ **学生活动**　阅读教科书第46页，思考激素作用的一般方式并构建模型（图3-3）。 刺激 ⇩ 内分泌腺 —分泌→ 激素 —体液→ 靶细胞/靶器官 → 生理生化变化 图3-3　激素调节过程 **教师小结**　激素通过与靶细胞上的相应受体特异性结合，将信号传递给靶细胞，从而引起靶细胞一系列的生理生化变化。	学生在明确激素调节是机体维持稳态的普遍生理现象的基础上，构建了体液调节过程的模型，形成了稳态与平衡观。
课堂总结，设置疑问	**教师提问**　激素参与的调节过程都需要体液将它们传送到身体的各个部位去发挥作用。那么是不是激素调节就是体液调节？ **学生回答**　激素调节只是体液调节的主要形式，体液调节还包括其他化学物质参与的调节。 **教师总结**　事实上，除了激素，CO_2、H^+等物质也可以随体液传递并发挥调节作用。我们把这种调节方式称为体液调节。 来金医生门诊就诊的孩子大多是因为内分泌方面的疾病，人体的内分泌系统可以分泌多种激素，调节不同的生命活动。针对不同症状的孩子，金医生该如何开展治疗？我们留待下一课时探讨和学习。	明确激素调节与体液调节的不同，建构体液调节的概念。

（三）教学反思

本课时的亮点主要体现在三个方面：一是创设真实情境，激发学生的积极性和主动性。以当地知名医生的专家门诊导入，引发学生思考：为什么不同病症的孩子要找同一科室医生就诊？真实的情境激发了学生的学习兴趣，提升了课堂的有效性。二是运用假说-演绎法，让学生重走科学发现之路。学生运用假说-演绎法分析、体验促胰液素的发现过程，感悟科学的特征和科学精神，尝试体验科学研究的一般过程。三是有效实施小组合作学习。以小组为单位开展课堂探究和评价活动，不仅可以让学生的科学探究能力在思维碰撞中得到提升，也能进一步提高学生合作学习、交流表达的能力。

本课时存在的不足之处：一是本课时的安排较为紧张。本课时中有较多以小组合作形式进行的实验设计和探究，花费时间较长，导致整堂课其他环节较为仓促。二是我对课堂生成性问题的关注和处理不到位。由于分组较多，在实验设计和探究活动中，我没有及时发现有些小组遇到的问题，也没有在课堂上很好地解决和处理一些生成性问题。

（四）总体评析

本课时是本单元的第一课时，以医生这一职业视角切入，构建整体教学内容的框架。此后的每个课时都围绕着患者的患病原因、诊疗方法等展开，以"情境—任务—问题—活动"为主线实施单元教学。此外，本课时还为第2至第5课时的学习提供了支持。本课时的教学设计和课堂实施表现出以下特点：

1. 以职业视角引入，引导学生关注未来职业。

教师以本地名医的视角引导学生关注"医生"这一职业。本课时的学习能使学生掌握与"医生"这一职业相关的生物学基础知识，拓展了关于生物学与技术这一方面的视野，也让学生体会了生物学与生活的密联联系，提高了学生对生物学的兴趣，从而关注未来职业的选择。

2. 基于事实，建构概念模型。

学科知识产生于某种特定的情境。本课时教师从患者的症状各异引入，聚焦问题：金医生可能属于哪一个科室？激素调节是如何被发现的？接着，以"问题—活动—概念"为主线实施教学。在教学中，教师通过"酸性食糜对小肠的刺激最终导致了胰腺分泌胰液。那么，信息是如何从小肠传递到胰腺的"这一具体的问题引导学生小组讨论，设计实验方案并预测实验结果，促进了学生的深度学习；基于该实验的结论，教师再引导学生概括激素调节的具体过程，得出激素调节的基本概念，并完成该概念的模型构建；最后利用教科书中的事实资料，通过问题驱动引导学生分析生物学事实，进一步完善了体液调节的概念。

3. 巧妙点拨，发展科学探究能力。

在课堂活动中，教师设计了预期实验结果与真实实验结果不一致的冲突。面对假设1和假设2都不成立的情况，学生陷入了思想上的僵局。教师利用"在神经调节中，电信号通过转化成化学信号再转化成电信号顺利完成信息的传递"这个学生已经具备的知识进行点拨，让学生联想到了"盐酸刺激"通过"小肠黏膜"转化成"某种信号物质"，再通过血液循环将信号传递给胰腺这一传递路线，帮助学生理解了内分泌系统中的信息传递方式与神经系统中的信息传递方式的区别，加深了学生对体液调节概念的理解，发展了学生的科学探究能力。

4. 利用素材资料，加强科学本质的学习。

教师利用任务 1 中的"促胰液素的发现过程"引导学生在提出问题、获取信息、寻找证据、检验假设、发现规律等的过程中习得生物学知识，发展科学思维，养成积极的科学态度，发展终身学习及创新实践能力。这一科学史的回顾既可以让学生获得生物学知识——激素调节，又能使学生领悟生物学家解决问题的思路和方法，注重对科学本质的学习。

5. 改进建议。

一是单元情境与课时情境的融合性不够强。"金医生的门诊"是本单元的情境，但在本课时中的作用主要是引入新课，教师在后续的教学中应注意课时情境与单元情境的有效衔接与结合。二是没有完成预设的活动"收集因激素分泌异常引起的疾病类型，并说出病因"，课堂较为仓促。任务 1 中"促胰液素发现过程"的相关实验是否全部需要学生探究？如果教师把重点放在其中一个实验，并给予学生充分的思考、探究时间，就能有效地提高学生的课堂参与感，有利于学生真正地"动"起来，同时也能使后续的模型构建顺利完成。此外，由于时间仓促，教师对课堂生成性问题的关注和处理并不到位。三是教师在活动环节中设置了生生互评，但在评价的量化方面还有待完善。

（本课时由湖州市第二中学汤湖斌老师设计和执教）

课时 2　激素通过分级调节、反馈调节等机制维持机体的稳态

课堂实录

（一）课时概念解析

本课时的概念为"激素通过分级调节、反馈调节等机制维持机体的稳态，如甲状腺激素分泌的调节和血糖平衡的调节等"，该概念的建构需要以下基本概念或证据的支持：

1. 下丘脑的神经细胞兼有内分泌功能。
2. 垂体分为腺垂体和神经垂体两个部分。
3. 激素存在"下丘脑—腺垂体—靶腺"这一调控轴的分级调节机制和反馈调节机制。
4. 神经垂体储存下丘脑合成的抗利尿激素，可调节水盐平衡。

（二）课堂实录

教学环节	课　堂　实　录	专业点评
关联单元情境，提出核心问题	呈现情境　金医生擅长儿科内分泌领域，今天她的诊室里来了一位 11 岁的患者（图片展示该患者甲状腺肿大）。根据图片能看出他的症状是什么吗？病因可能是什么？ 学生回答　脖子粗大。病因可能是肿瘤、甲状腺问题、激素问题等。 呈现资料　患者血检化验单上的部分指标（表3-1）。 表 3-1　患者血检化验单上的部分指标 | 检 验 项 目	结　果	参考值	单 位
---	---	---	---
游离三碘甲状腺原氨酸	1.93 ↓	2～4.4	pg/mL
游离甲状腺素	0.9 ↓	0.93～1.7	ng/dL
促甲状腺激素	4.7 ↑	0.27～4.2	uIU/mL | 引导　化验单上主要检测了甲状腺激素和促甲状腺激素这两类激素，除了甲状腺激素，还检测了垂体分泌的激素。为什么要检测垂体分泌的激素？ 核心问题　神经系统如何影响内分泌系统？下丘脑和垂体，以及垂体分泌的激素和靶器官之间分别有什么联系？	教师通过患者化验单的数据创设课时情境，引出本课时的学习主题，激发了学生的学习兴趣，引发了学生的思考。
任务1：构建激素的分级调节模型	呈现资料　人体的内分泌腺及其分泌的主要激素（教科书第 47 页图 3-2）。 学生活动　观察垂体和甲状腺的位置关系，结合教科书中的图 3-2"人体内分泌腺及其分泌的主要激素"，小组合作完成甲状腺和垂体之间的联系图（用文字和箭头表示）。 教师提问　垂体本身也是一个内分泌腺体，垂体是受哪一结构控制的呢？ 学生活动　自主阅读教科书图 3-5"下丘脑与垂体的位置"、教科书图 3-6"下丘脑与垂体结构和功能的联系"及相关文字描述，建立下丘脑与垂体的关系图，构建甲状腺激素分泌的分级调节模型（图 3-4）并交流互评。 下丘脑 ──促甲状腺激素释放激素(+)──→ 腺垂体 ──促甲状腺激素(+)──→ 甲状腺 ──(+)──→ 甲状腺激素 图 3-4　甲状腺激素分泌的分级调节模型	学生通过阅读、分析教科书中的内容，直观感受到人体复杂的内分泌系统，从系统观的角度理解了激素的分级调节机制。

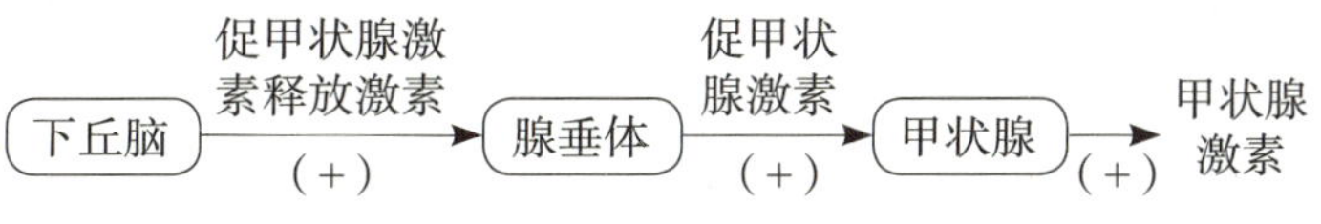

续 表

教学环节	课 堂 实 录	专业点评
任务2:构建激素的反馈调节模型	**引导** 内环境稳态是人体维持正常生命活动的必要条件。当人体处于寒冷环境时,机体可以通过神经-体液调节维持体温的相对恒定,其中甲状腺激素发挥了重要作用。那么,当人体处于寒冷环境时,甲状腺激素、促甲状腺激素、促甲状腺激素释放激素的含量会发生怎样的变化? **呈现资料** 甲状腺激素含量变化对促甲状腺激素、促甲状腺激素释放激素含量变化的实验研究:甲组给健康成年家兔注射外源甲状腺激素,乙组注射等量生理盐水,结果表明甲组家兔体内促甲状腺激素和促甲状腺激素释放激素的含量明显低于乙组的。 **学生活动1** 根据资料,小组合作构建甲状腺激素分泌的分级调节和反馈调节模型(图3-5),并交流和完善。 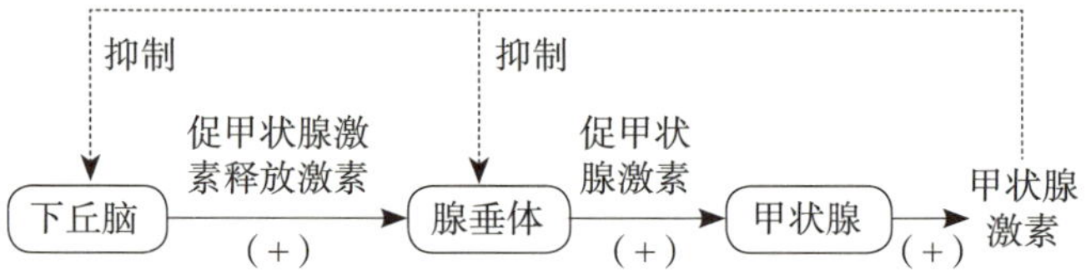 图3-5 甲状腺激素分泌的分级调节和反馈调节 **教师评价** 由于反馈调节机制的存在,甲组家兔体内过量的甲状腺激素会分别抑制下丘脑和垂体分泌促甲状腺激素释放激素、促甲状腺激素,使甲状腺激素的含量保持在正常范围内。反馈调节机制是维持内环境稳态的重要机制。 **学生活动2** 人体激素分泌的分级调节和反馈调节机制是普遍存在的,根据所学内容,构建"下丘脑-腺垂体-靶腺"调控模型(图3-6)。 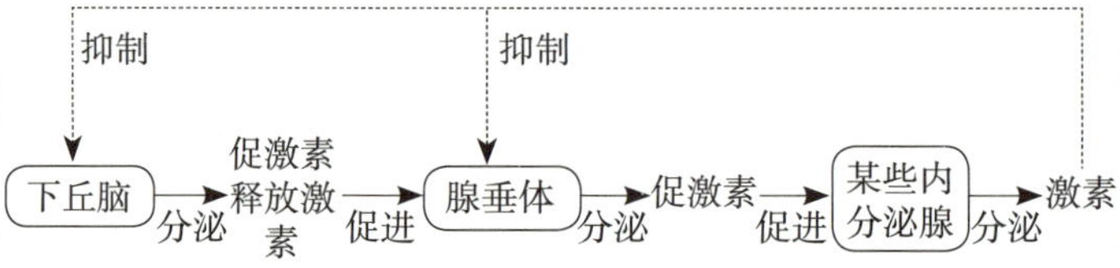 图3-6 "下丘脑-腺垂体-靶腺"调控模型 **教师提问** 经过金医生的诊断,患者的病因已经明确是由缺碘导致的甲状腺肿大。请利用反馈调节模型说明甲状腺肿大的原因,并提出治疗建议。 **学生活动3** 根据反馈调节模型解释缺碘导致甲状腺肿大的机理。总结治疗建议:患者应在医生的指导下通过适当补碘缓解病症,定期检测体内甲状腺激素的含量。 **教师评价** 碘是合成甲状腺激素的必需元素,缺碘会导致甲状腺激素合成不足,减弱对下丘脑、垂体的负反馈抑制,促甲状腺激素分泌增加,从而引起甲状腺增生、甲状腺肿大即大脖子病。	学生运用科学探究的基本方法分析实验结果,得出实验结论,并借助模型与建模的方法探讨、阐释生命现象与规律,理解激素分级调节与反馈调节机制。教师再引导学生科学地解释甲状腺肿大,使学生进一步理解和巩固所学知识,提升分析与探究的能力。

续 表

教学环节	课 堂 实 录	专业点评
课堂总结	**迁移应用** 结合所学内容，构建人体内性激素、肾上腺皮质激素分泌的调节模型（图 3-7）。 下丘脑 ↓ 促激素释放激素 ↓ 垂体 ↓ ↓ ↓ 促甲状腺激素 促性腺激素 促肾上腺皮质激素 ↓ ↓ ↓ 甲状腺 性腺 肾上腺皮质 ↓ ↓ ↓ 甲状腺激素 性激素 肾上腺皮质激素 图 3-7 甲状腺激素、性激素、肾上腺皮质激素分泌的调节模型 **师生总结** 神经系统通过下丘脑控制内分泌系统，下丘脑通过激素作用于垂体。下丘脑、垂体和相应腺体之间通过分级调节和反馈调节相互影响，维持内环境的稳态。 **教师设疑** 这位患者的问题解决了，而金医生忙碌的工作还在继续，还有很多患者在诊室外等候。我们将在后面的学习中继续探讨。	模型的迁移应用是学生对所学内容的总结和提升。教师设下疑问为下一课时的学习作铺垫，激发了学生的探知欲望。

（三）教学反思

本课时的亮点主要体现在两个方面：一是利用真实情境激发学生学习的积极性和主动性。我以金医生诊室里甲状腺肿大患者的诊治为本课时的教学情境，引导学生利用"下丘脑—腺垂体—甲状腺"的分级调节模型探究患者的病因。二是注重生物科学与现实生活的联系。学生利用"下丘脑—腺垂体—甲状腺"的分级调节模型构建寒冷环境中体内的神经-体液调节模型；在分析问题"甲状腺激素的调节方式是怎样的"后，利用实验数据构建甲状腺激素的反馈调节模型，同时依据实验数据，解决患者的问题。在整个教学过程中，我始终引导学生运用生物学原理解决实际问题，以激发学生的学习兴趣和学习热情。

本课时存在的不足之处：一是学生展示和生生评价环节不够充分。课堂小结时我讲得过多，在学生活动的过程中，学生展示、生生评价、教师评价等还不够充分。若将模型改进、课堂小结、课堂评价等环节的主动权交给学生，则教学效果可能会更好。二是小组合作的效度有待加强。学生没有很好地执行小组活动，组内交流也相对较少。

（四）总体评析

本课时是学生在已经了解了激素调节概念模型后进行的学习，同时也为课时3、课时4的学习提供了支持。学生在课时1建立了激素调节过程的模型，在本课时中围绕具体的生活情境并依据此模型进行进一步的分析，有效建构"激素通过分级调节、反馈调节等机制维持机体的稳态"这一次位概念。本课时的教学设计和课堂实施表现出以下特点：

1. 承接单元情境，创设课时情境。

本课时承接单元情境"金医生的门诊"，通过患者检查单引入核心问题"下丘脑和垂体，以及垂体分泌的激素和靶器官之间分别有什么联系"，再通过图片、文字资料及设计的问题推动学生的进阶学习。教师引导学生围绕患者检查单上的数据进行分析，说明患病原因，提出诊治建议，让学生体验了医生的职业经历，并意识到健康生活对人体的重要性。

2. 构建模型，发展科学思维。

依据学科结构论，在单元整体教学中，教师要帮助学生对所学知识与原有知识进行比较、归纳、整合，使知识整体化、结构化、体系化，从而有利于学生储存和提取知识。因此，同一单元前后课时的知识需要进行联系，并依据一定的特征将知识组织成有意义的结构。本课时的主要任务就是帮助学生在原有模型的基础上进一步整合新的知识，完善模型中的具体内容。在本课时教学中，教师主要通过分级调节和反馈调节这两个模型的构建来组织教学活动，促使学生的知识结构化。模型的构建支持了后续课时的学习，最终让学生建构"内分泌系统产生的多种类型的激素，通过体液传送而发挥调节作用，实现机体稳态"这一重要概念。

3. 改进建议。

一是在本课时许多开放环节中教师依然讲得偏多，学生完整表达的机会不多，大多是短语或词语的回答，教师需要将完整表达的机会留给学生。同时，学生展示、生生评价环节不够充分，比如模型修正、课堂小结等都可以由学生相互交流、分享完成。二是小组活动没有很好地进行，组内交流较少。如果学习任务难度不大，建议教师可以让学生独立思考、构建流程图，以促使每位学生积极思考，真正学起来。

（本课时由湖州市第二中学马晓丽老师设计和执教）

课时 3、4　激素调节身体的多种机能，维持稳态和调节生长发育

（一）课时概念解析

课时 3 的概念为"人体内分泌系统主要由内分泌腺组成，包括垂体、甲状腺、胸腺、肾上腺、胰岛和性腺等多种腺体，它们分泌的各类激素参与生命活动的调节""激素通过分级调节、反馈调节等机制维持机体的稳态，如甲状腺激素分泌的调节和血糖平衡的调节等"，这两个概念的建构需要以下基本概念或证据的支持：

1. 生长激素、甲状腺激素、性激素三者在调节机体生长和发育的过程中发挥重要作用。

2. 正常的血糖浓度为 80—120 mg/dL，血糖有三个来源和三个去向。

3. 胰岛素是唯一能降低血糖的激素，它能促进细胞加速摄取、储存和利用葡萄糖，抑制非糖物质转化成葡萄糖。

4. 胰高血糖素可以促进肝糖原分解，使非糖物质转化为葡萄糖。

（二）课堂实录

课堂实录

课时 3
激素调节人体生长发育

教学环节	课堂实录	专业点评
关联单元情境，提出核心问题	呈现情境　体液调节是通过化学信号来实现的，内分泌系统可以产生多种激素来调控人体的生长发育。今天金医生诊疗的病例就存在生长发育的异常症状。 病例 1：女，2 岁半，身高 0.58 m，体形不匀称性矮小，头大颈短，表情呆滞，对外界不感兴趣或无反应，智商低…… 教师提问　哪些激素与人体的生长发育有关？ 学生回答　甲状腺激素、生长激素、性激素…… 教师提问　该患者年龄小、个子小，对外界各种刺激的反应也不大，这可能与哪一种激素的异常有关，这种激素如何行使调节功能？ 学生活动　这可能与甲状腺激素的异常有关。甲状腺激素被释放进入内环境中，影响婴幼儿的生长发育。 核心问题　哪些激素与人体的生长发育有关，它们如何发挥作用？	教师基于单元情境，用真实病例激发学生的学习热情，以问题解决为主线引导学生探索与生长发育相关的激素的作用机制。

续　表

教学环节	课　堂　实　录	专业点评
任务1：探究研究内分泌腺功能的实验方法	**教师提问**　如何确认病例1的病因是甲状腺激素水平异常？确诊的依据是什么？ **学生回答**　验血。激素被释放进入内环境后，通过体液的传送到达靶组织。 **呈现资料**　病例1患者血检化验单上的部分指标（表3-2）。 表3-2　患者血检化验单上的部分指标 | 检查项目	结果	提示	参考区间（1～6岁）
---	---	---	---
甲状腺素（T4）	5.65	↓	5.95～14.7 nmol/L
三碘甲腺原氨酸（T3）	1.97		0.92～2.48 nmol/L
促甲状腺激素（TSH）	6.12	↑	0.7～5.97 mlU/L | **教师提问**　甲状腺激素水平异常能否说明就是甲状腺发生病变？ **学生回答**　临床上常常结合CT、B超检查等，还可以通过穿刺取样进行临床诊断，以判断腺体形态、结构、功能是否正常。当然，也有可能是其他方面的异常引起甲状腺激素水平的异常。 **资料呈现** 资料1：《临床观察研究成人甲状腺激素的功能》，即关于甲减症状的视频。 资料2：人体甲状腺激素异常表现的对比图。 **学生活动**　思考后小组讨论甲状腺激素的功能并展示成果。 **教师评价**　临床上观察病征是研究激素功能的一般方法，通过对比，我们基本得出了甲状腺激素的主要功能。这是研究腺体功能的第一步。如何验证甲状腺激素的作用，如何研究内分泌腺的功能？ **学生活动**　设计对照实验研究甲状腺激素的功能。 小组1展示：以小白鼠为实验动物，甲、乙两组的小白鼠分别做摘除甲状腺、保留甲状腺的处理，饲料、生长环境等相同且适宜。培养一段时间后，观察两组小白鼠的生长发育情况。 小组2展示：以蝌蚪为实验动物，甲、乙两组分别饲喂等量的普通饲料、含有甲状腺激素的饲料，其他条件相同且适宜。培养一段时间后，观察两组蝌蚪的生长发育情况。 **师生评价**　对照实验必须遵循单一变量原则，利用给实验动物做"减法"（摘除腺体）或"加法"（额外增加激素）来设计实验都能达到实验目的。为了便于观察，实验动物最好具备以下特征：幼年动物、生长周期短、存在变态发育…… **呈现资料**　科学家做的蝌蚪实验、成年狗和幼年狗的实验。 **教师引导**　科学家常用摘除、移植、注射、饲喂处理方法进行激素功能研究，后两种方法的使用还要注意激素的化学本质。我们可以利用概念图、表格等形式，对研究成果进行汇总和呈现。	学生通过对比摘除内分泌腺的"减法"和注射或饲喂激素的"加法"，总结出研究动物激素功能的实验方法，发展了科学思维；通过构建分级调节模型建构重要概念，将抽象的概念具体化，发展了逻辑思维能力。

续 表

教学环节	课 堂 实 录	专业点评
任务1：探究研究内分泌腺功能的实验方法	**学生活动** 利用图表等形式总结研究内分泌腺功能的一般方法。 **师生活动** 汇总与甲状腺激素相关的知识体系（成分、靶组织、具体功能等）。 **教师评价** 研究内分泌腺或相关激素的功能是非常复杂的科研过程，远远不是设计几个对照实验所能解决的。事实上，除了观察临床表征、利用实验动物对照、抽提激素进行成分确认，我们还可以利用同位素示踪研究激素在体内的分泌规律和代谢情况。 **学生活动** 小组合作完成对甲状腺激素的成分和功能、靶组织的分析和归纳，构建甲状腺激素的分泌调控模型，小组代表上台展示。小组间相互评价，评价后完善模型。	
任务2：模拟诊疗甲状腺激素分泌异常的患者	**教师提问** 明确甲状腺激素相关知识后，针对这位小患者的情况，你们可以提供哪些诊疗建议呢？ **学生回答** 适当补充甲状腺激素。 **教师提问** 根据甲状腺激素的化学本质，可以采用哪种方法来补充？这位患者如果是婴幼儿，你有什么顾虑或者建议吗？ **学生活动** 讨论后得出结论：患者可以定期口服或注射甲状腺激素；根据甲状腺激素的功能，如果在生长发育期后再补给甲状腺激素，患者的中枢神经系统将无法恢复正常功能，会影响智力。 **引导** 甲状腺激素的分泌异常如呆小症、甲减、地方性甲状腺肿大、甲亢的诊疗方案不同，具体治疗方法要遵从医嘱。 **呈现资料** 据不完全统计，近些年甲状腺疾病的患病率有上升的趋势，这与人们的生活和饮食有一定的关系。2002年，国内一个为期5年的"碘摄入量对甲状腺疾病的影响"项目的结论显示：缺碘和富碘都会导致甲状腺疾病，例如高碘性甲状腺肿、甲状腺癌。 **引导** 科学饮食，与健康生活密切相关。	学生在明确了"下丘脑—腺垂体—靶腺"调控轴的基础上，深度理解相关腺体的功能。
任务3：探究多种激素对生长发育过程的调节	**呈现资料** 性早熟（男童在9岁前，女童在8岁前呈现第二性征）会使孩子的生长潜能受损，孩子可能早期比其他孩子高大，但骨骼会提早闭合。研究结果显示，性发育早1年，身高损失5 cm左右。有些孩子因为吃了过多的补品而发生性早熟。 **引导** 日常生活中，我们要注意均衡饮食，不要盲目进补。请讨论与性早熟有关的激素种类。 **学生活动** 小组合作分析、归纳性激素的成分、靶组织和功能，并构建性激素分泌的调控模型，小组代表上台展示。小组间相互评价并补充完善。 **呈现资料** 病例2：男，3岁，身高0.63 m，智力正常…… **教师提问** 同样身材矮小的这位病例，诊疗方案和病例1相同吗？能否直接口服相关激素来进行治疗？ **学生回答** 病例2患者智力正常，所以患的是侏儒症。病因可能是机体缺乏生长激素。生长激素是蛋白质，口服会因为被消化道消化而失去效用。	分析、归纳性激素、生长激素的功能及其调节的过程，可以发展学生知识迁移与应用的能力。

续表

教学环节	课堂实录	专业点评
任务3：探究多种激素对生长发育过程的调节	**教师评价** 不是所有激素都可以口服，但是所有激素都可以通过注射补充。事实上，规律的作息与人体的生长发育密不可分，深度睡眠有助于生长激素的分泌…… **学生活动** 以小组为单位，基于对以下两个问题的思考，构建生长激素调节生命活动的概念图：①如果成年人想长高，使用生长激素类药物有效吗？为什么？②生长激素的合成和分泌受下丘脑影响吗？如何影响？小组合作完成模型构建后，展示生长激素调节生命活动的概念图。 **教师总结** 下丘脑是内分泌系统的最高统帅，内分泌系统通过分泌多种激素发挥调节作用。人体内存在多种激素，这些激素协调平衡、共同调节个体的生长发育。	
课堂总结和提升	**引导** 通过今天的讨论和学习，我们合作构建了多种激素调节机体生长发育的知识体系，也更加认同健康的生活方式对我们身体的重要性。那么在日常生活当中，我们可以从哪些方面倡导健康的生活方式？ **学生回答** 饮食、运动、睡眠、良好的心态…… **评价总结** 激素在个体生长、发育、繁殖过程中发挥着重要的调节作用。激素在人体不同发育阶段的含量有所差异，每个人的体质又不尽相同，要保持健康的身体，方法因人而异，切忌一概而论。我们在日常生活中要注意健康饮食、积极运动、养成良好的作息习惯，保证身心健康。 **呈现资料** 新闻：6岁女孩打激素助长高，结果查出了糖尿病。 **课后探究** 糖尿病是如何发生的？它与哪种激素的异常分泌有关？	根据所学知识提出健康生活的建议可以引导学生进一步形成科学的系统观和生命观，增强社会责任感。

（三）教学反思

本课时的亮点主要体现在三个方面：一是基于单元情境，用真实病例激发学生的学习热情。本课时以问题解决为主线，设计了多个学生任务。甲减、甲亢、呆小症、侏儒症、性早熟和糖尿病等疾病，这些熟悉的情境有利于引发学生的思考。学生根据自身所学提出建议，进一步形成科学的系统观和生命观，倡导健康的生活方式，提升社会责任感。二是运用科学探究方法进行分析和研究，发展科学思维。学生对比患者的临床表征，推断甲状腺激素的功能；我从对照实验的角度引导学生做好实验动物的选择；通过小组合作和生生互评，学生完善科学探究的实验思路。教科书中的科学史为学生的猜想做支撑，让学生体验与科学史融为一体。摘除内分泌腺的"减法"和注射或饲喂激素的"加法"的分析，有利于学生巩固对动物激素研究方法的认识，发展分析现象解决问题的能力以及逻辑思维。三是通过合作促进概念建构，利用模型形成重要概念。将抽象的概念具象化为直观模型的过程是思维与行为统一的过程。学生已知甲状腺激素受"下丘脑—腺垂体—靶腺"这一调控轴的调节，但性激素和生长激素的调节过程与这一调控轴不尽相同，小组合作的模式有利于模型的正确构建，学生由此深度理解相关腺体与激素的调节过程，建构"激素调节身体的多种机能，维持稳态和调节生长发育"这一概念。

本课时存在的不足之处：在设计研究甲状腺激素功能的对照实验时，学生呈现实验方案和生生互评用时较长，由于课堂时间有限，各小组在构建、展示和反思概念图时都较为仓促。其次，我在课堂中导引得较多，但在生生评价方面不够充分。

（四）总体评析

本课时始终围绕"哪些激素与人体的生长发育有关，它们如何发挥作用"这一核心问题展开，指向本课时的次位概念。基于单元情境，教师从金医生接诊的一位生长发育异常的患者入手开展教学。学生运用科学思维、科学探究方法对日常生活中熟悉的多种病症进行分析、归纳、比较，并选择实验动物设计对照实验，不断进行思考和讨论，最终建构概念模型。本课时的教学设计和课堂实施表现出以下特点：

1. 在科学探究中完成概念的建构。

科学探究是指能够发现现实世界中的生物学问题，针对特定的生物学现象，进行观察、提问、实验设计、方案实施以及对结果的交流与谈论。科学探究也是生物学核心素养的重要组成。在本课时中，教师设计了多个探究活动，引导学生分析、比较日常生活中熟悉的多种病症，从对照实验的角度选择实验动物、实验方法、完善实验思路。教师将抽象概念的理论教学与实验教学结合起来，使学生对激素功能的理解变得具体、形象，进而深入理解"激素通过分级调节、反馈调节等机制维持机体的稳态"这一概念。

2. "教—学—评"的一致性引领课堂教学。

"教—学—评"的一致性是有效教学的基本原理，这种一致性具体体现在教、学、评必须共同指向学习目标。本课时教师根据学情确立了学习目标，并创设一系列指向学习目标达成的情境和任务，引导学生建构"激素通过分级调节、反馈调节等机制维持机体的稳态，如甲状腺激素分泌的调节和血糖平衡的调节等"次位概念，并在教与学的过程中评价学习目标是否达成。教师在概念图的构建过程中，通过构建、互评、改进、自评的方式很好地发挥了评价在概念形成过程中的作用。此外，运用所学内容倡导健康生活方式的活动是在不同层次上对学生的学习进行了评价，是评价学习目标是否达成的集中体现。从学生的课堂表现来看，大多数的学生能达到知识应用这一层次。

3. 改进建议。

本课时略显仓促，课堂容量多了一点，包括病例分析、实验设计、科学史应用、概念图的构建等。在课堂的多个环节中，学生讨论不够充分，展示和互评比较仓促，这影响了学生思维的沉淀和深入。建议教师可以将课堂教学的部分内容或环节延伸到课外，在课堂上突出重点环节，从而把更多的时间交给学生。

（本课时由浙江省湖州中学丁丽艳老师设计和执教）

✳ 课时4 ✳
激素调节内环境稳态——血糖平衡调节

课堂实录

教学环节	课 堂 实 录	专业点评
关联单元情境，提出核心问题	情境导入　金医生的一名患者6岁女孩萌萌因药物使用不当得了糖尿病。 核心问题　糖尿病的产生机理是什么？人体如何维持血糖平衡？	教师基于单元情境，以真实情境糖尿病患者的诊疗为主线展开教学。
任务1：模拟尿糖检测	教师提问　判断糖尿病的基本指标是什么？ 学生活动　思考并回答问题。 过渡　金医生给萌萌开具了一份尿液检验单。 教师活动　展示模拟尿糖检测活动的实验原理及方法、步骤。让同学们扮演检验科医生对四份样本进行检测，找出萌萌的尿液。 学生活动　分小组按照实验步骤进行操作，并展示实验现象及结论。 教师提问　仅凭一份尿液样本就能判断萌萌一定是糖尿病患者吗？若不能，还可以通过哪些指标来判断？ 学生活动　讨论可以用于判断某人是否患有糖尿病的指标，并分享、说明。 引导　血液中的葡萄糖被称作血糖。人体血糖的正常含量为80～120 mg/dL，若超过160 mg/dL，则多余的葡萄糖将无法被肾脏重吸收，会以尿糖的形式随尿排出，形成糖尿。糖尿病的确诊还需要检测多项指标。	学生运用科学探究的方法，通过模拟尿糖检测活动，激发了学习的积极性，同时也发展了动手操作和小组合作探究的能力。
任务2：分析血糖的来源和去路	呈现资料　萌萌的血检报告单。 教师提问　从萌萌的血液检验结果来看，她的血糖含量超出了正常范围。为什么会出现这样的现象？人体内有哪些途径可以使得血糖含量增加或减少？ 学生活动　根据已有知识，讨论血糖的来源和去路，构建血糖平衡模型（图3-8）。	在教师的引导下，学生从整体上认识和分析了血糖平衡，从物质和能量观的角度分析了血糖平衡中的稳态与适应观。

教学环节	课堂实录	专业点评
任务2：分析血糖的来源和去路	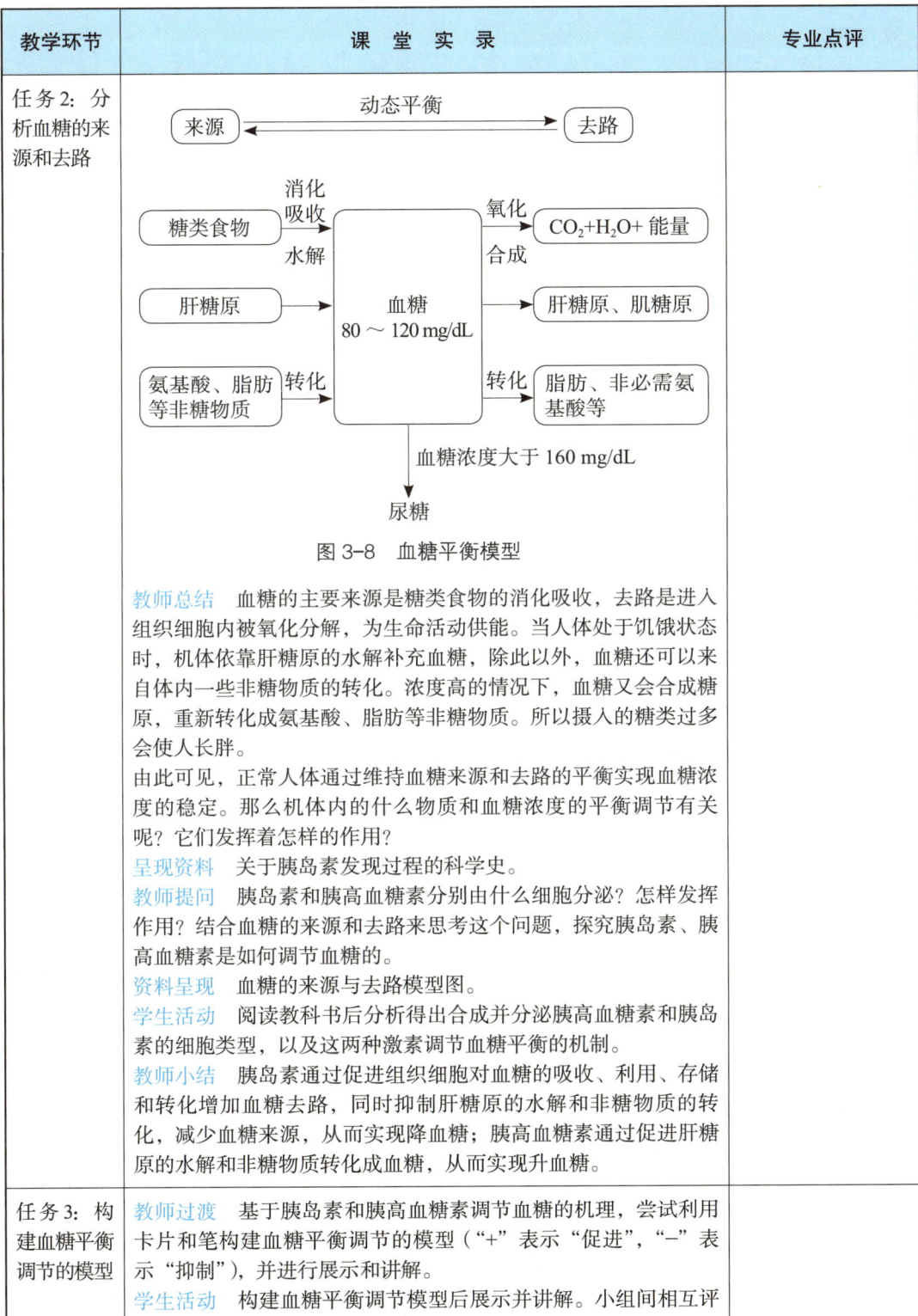 图 3-8　血糖平衡模型 **教师总结**　血糖的主要来源是糖类食物的消化吸收，去路是进入组织细胞内被氧化分解，为生命活动供能。当人体处于饥饿状态时，机体依靠肝糖原的水解补充血糖，除此以外，血糖还可以来自体内一些非糖物质的转化。浓度高的情况下，血糖又会合成糖原，重新转化成氨基酸、脂肪等非糖物质。所以摄入的糖类过多会使人长胖。 由此可见，正常人体通过维持血糖来源和去路的平衡实现血糖浓度的稳定。那么机体内的什么物质和血糖浓度的平衡调节有关呢？它们发挥着怎样的作用？ **呈现资料**　关于胰岛素发现过程的科学史。 **教师提问**　胰岛素和胰高血糖素分别由什么细胞分泌？怎样发挥作用？结合血糖的来源和去路来思考这个问题，探究胰岛素、胰高血糖素是如何调节血糖的。 **资料呈现**　血糖的来源与去路模型图。 **学生活动**　阅读教科书后分析得出合成并分泌胰高血糖素和胰岛素的细胞类型，以及这两种激素调节血糖平衡的机制。 **教师小结**　胰岛素通过促进组织细胞对血糖的吸收、利用、存储和转化增加血糖去路，同时抑制肝糖原的水解和非糖物质的转化，减少血糖来源，从而实现降血糖；胰高血糖素通过促进肝糖原的水解和非糖物质转化成血糖，从而实现升血糖。	
任务3：构建血糖平衡调节的模型	**教师过渡**　基于胰岛素和胰高血糖素调节血糖的机理，尝试利用卡片和笔构建血糖平衡调节的模型（"+"表示"促进"，"−"表示"抑制"），并进行展示和讲解。 **学生活动**　构建血糖平衡调节模型后展示并讲解。小组间相互评	

续 表

教学环节	课 堂 实 录	专业点评
任务3：构建血糖平衡调节的模型	价，完善模型（图3-9）。 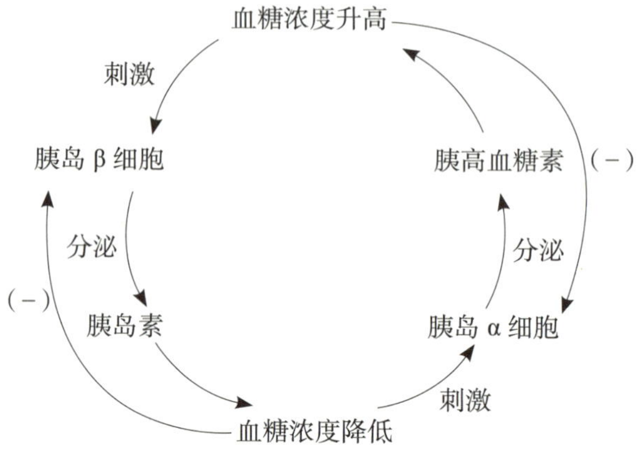 图3-9 血糖平衡调节的模型 **教师补充**　在这个过程中，我们发现胰岛素的作用是降低血糖，胰高血糖素的作用是升高血糖，因此它们在调节血糖含量这一生理过程中是相互拮抗的，共同维持血糖含量的稳定。在这个调节过程中，胰岛β细胞分泌胰岛素，它的工作效果是使血糖降低，血糖水平降低了，反过来对胰岛β细胞有没有影响？若有，有什么影响？ **学生活动**　分析得出血糖调节中的负反馈调节机制。 **教师小结**　在一个系统中，系统本身工作的效果，反过来又作为信息调节该系统的工作，这种调节方式称为反馈调节。反馈调节是生命系统中非常普遍的调节机制，在今后的学习中我们会学到很多这样的例子，它对于机体维持稳态具有重要意义。	血糖平衡调节模型构建是将抽象的、隐形的知识转变为可见的图示信息的过程。亲手构建模型可以让学生获得掌握知识的满足感，增强学生的自信心，让学生认识模型构建方法在学习生物学中的作用，以此促进知识的内化和科学思维的形成。
概念迁移应用，课堂小结与课后探究	**教师提问**　金医生的患者萌萌，为什么会因为生长激素的使用而发生糖尿病呢？萌萌做了基因检测后，发现萌萌体内存在GCK基因突变，因此萌萌被诊断为"青少年成人型糖尿病"。由此可见，糖尿病的发生，并不只是单一因素的影响。那么糖尿病的发生与人们生活方式、饮食习惯的改变有关系吗？为什么？ **学生活动**　探讨生活方式和饮食习惯对糖尿病的影响：不良的饮食习惯会导致人类摄取的糖类过多，糖类代谢不掉时有可能引发糖尿病。人们的生活压力过大，精神过度紧张，内分泌失调，也有可能引发糖尿病。 **总结和引导**　激素在个体生长、发育、繁殖过程中发挥着重要的调节作用。激素在人体不同发育阶段的含量有所差异，每个人的体质又不尽相同。我们要维持内环境的稳态，保持健康的身体。 糖尿病的发生与精神因素也相关，那么血糖平衡除了与相关激素的调节有关，和神经调节到底有没有关系？我们在下个课时再探讨。	本环节提高了同学们对糖尿病的关注度，渗透社会责任核心素养。

（三）教学反思

本课时的亮点表现在四个方面：一是基于单元情境，以诊疗糖尿病患者为主线，通过实验、探究、总结等形式解决问题。二是运用科学探究的方法模拟尿糖检测，学生通过实验操作、实验现象的描述、实验结果的展示以及生生互评调动了学习的积极性，发展了动手操作能力和小组合作探究能力。三是构建血糖平衡调节模型，发展了科学思维。学生通过对模型的分析巩固了反馈调节的内容。四是注重生物科学与现实生活的联系，渗透社会责任。学生通过尝试解决生活中的问题，了解了激素在个体生长、发育、繁殖过程中的重要作用；认识到要维持内环境稳态，在日常生活中就要注意健康饮食、积极运动，养成良好的作息习惯，发展了生物学学科核心素养。

本课时存在的不足之处：一是本课时虽有各种探究活动，但是在活动小结时我讲得过多，评价语言过于重复，不够充分。二是有些问题指向不够明确，导致学生一开始没办法答上来，需要进一步的引导。三是由于每组尿液中加入的葡萄糖含量一致，所以各个小组的实验现象一样，无法体现试纸颜色变化和尿液中葡萄糖含量的关系。

（四）总体评析

本课时始终围绕"人体如何维持血糖平衡"这一核心问题，指向"激素通过分级调节、反馈调节等机制维持机体的稳态"这一次位概念。基于单元情境，教师从金医生接诊的一名患者入手开展教学，发展学生的生物学学科核心素养。本课时的教学设计和课堂实施表现出以下特点：

1. 基于实验研究，发展科学探究核心素养。

科学探究核心素养是生物学知识、科学探究技能与情感态度价值观的综合，它包括问题与假设、方案设计、方案实施、结果交流4个要素。教师引导学生运用科学探究方法模拟尿糖检测，并在课堂中实施实验，逐步增强了学生对糖尿病产生机理的好奇心和求知欲，帮助学生初步掌握了科学探究的基本思路和方法，提高了实验动手能力，发展了团队合作、勇于创新的科学探究核心素养。

2. 基于整体思维，发展稳态与适应观。

发展生物学学科核心素养的侧重点是指导学生从稳态与平衡观、进化与适应观、信息观和系统观的视角去认识生命系统的稳态。学生基于血糖来源和去路的事实，构建血糖平衡的部分模型，教师通过层层递进的问题引导学生整体性地认识和分析血糖平衡模型，从物质与能量观的角度分析血糖平衡中的稳态与适应观。

3. 基于模型构建，发展科学思维核心素养。

模型是人们为了某种特定目的而对认识对象所做的一种简化描述。学生要想建立模型，必然要经过一个观察、思考、推理、总结、归纳的过程，即先形成一个抽象的概念，再将抽象的概念具体化、形象化，本课时的核心内容是构建血糖平衡调节的模型。在构建模型的过程中，教师及时发现并解决学生提出的问题，建模后学生分小组上台展示、介绍模型，并进行生生互评。学生基于血糖平衡的事实，通过建模和模型分析进一步巩固了反馈调节的内容，探讨和理解了稳态与平衡观，同时，学生从内因和进化两个角度认识了血糖的相对稳定和动态平衡。运用模型解决问题，正是本课时建模的意义所在。

4. 改进建议。

一是注意"教—学—评"的一致性。"教—学—评"的一致性是有效教学的基本原理，这种一致性具体体现在教、学、评必须共同指向学习目标。本课时教师根据学情确立了清晰的学习目标，并创设了一系列指向学习目标达成的情境任务，但是在评价方面不太充分，教师可以根据《浙江省普通高中生物学学科教学指导意见》中提出的评价建议进行过程性评价，在教与学的过程中不断检测学生的学习目标是否达成。二是在本课时活动小结时教师讲得过多，教师可以将更多的时间交给学生，让学生讲，让学生去发挥，那么整节课将会收获更多的"惊喜"与"意外"，也更有利于学生对知识的理解和核心素养的发展。

（本课时由浙江省湖州中学董媛媛老师设计和执教）

课时5 体液调节与神经调节相互协调维持稳态

课堂实录

（一）课时概念解析

本课时的概念为"神经调节与体液调节相互协调共同维持机体的稳态，如体温调节和水盐平衡的调节等"，该概念的建构需要以下基本概念或证据的支持：

1. 体液调节与神经调节的特点不同但两者紧密联系。
2. 神经调节和体液调节共同维持体温的恒定。

（二）课堂的实录

教学环节	课 堂 实 录	专业点评
关联单元情境，提出核心问题	创设情境　小雨在医院门口测量体温时显示温度达到了37.8℃，因体温异常她立马被转到发热门诊。 核心问题　人体体温有何特点？机体如何调节以维持体温恒定？	生活情境能有效引起学生的注意，引发共鸣，启发思维。

续 表

教学环节	课 堂 实 录	专业点评
任务1：构建体温平衡的调节模型	**教师提问** 人体正常体温的范围是多少？为什么体温会维持相对恒定？ **学生活动** 学生使用磁力贴制作产热和散热天平物理模型，理解不同环境中机体产热和散热的关系。人体正常体温在37℃左右，体温处于动态平衡即稳态，这是机体产热等于散热的结果。 **教师设疑** 人体是如何产热的？ **师生互动** 师生共同分析产热器官和产热方式。 **教师总结** 安静时：产热器官主要是脑、肌肉和内脏。 运动时：产热器官主要是骨骼肌。 产热方式：机体组织器官的代谢，有机物氧化分解产生热量。 **教师提问** 人体可以产热，当然也会散热。人体是如何散热的？ **师生互动** 讨论人体的散热器官和散热方式。 **引导** 散热器官主要是皮肤，散热方式是辐射散热、对流散热、传导散热、蒸发散热。当环境温度高于体温时，汗液蒸发是唯一有效的散热方式。 在体温调节过程中，神经系统发挥了重要作用，那么，人体的体温调节中枢在哪里？ **呈现资料** 约在100年前，有报告指出，局部损毁狗的下丘脑会引起狗的体温升高。20世纪40年代，神经生理学家曾以定向刺激法和局部毁损法证明下丘脑前部为散热中枢，后外侧部为产热中枢。20世纪60年代，生理学家先后发现中枢神经系统中存在对温度敏感的神经元，特别是在下丘脑视前区和前部的热敏神经元的反应最灵敏。温热刺激该部位时可引起散热反应，以冷刺激时结果相反。 **学生活动** 分析、讨论史实资料，得出下丘脑是体温调节中枢。 **教师提问** 人体如何接收温度变化这个信息？ **学生活动** 阅读教科书后回答：温度感受器在体表和体内都有分布，包括冷觉感受器和温觉感受器。 **教师提问** 如果体温调节依赖神经系统，那么体温调节的基本形式是什么？结构基础是什么？ **学生回答** 调节的基本形式是反射，结构基础是反射弧。 **呈现资料** 人们在极寒环境和酷暑环境下工作的照片和视频。 **教师提问** 如果环境温度断崖式下降，体温与外界环境的温差增大，散热量增加，那么人体是否还能维持体温恒定？如果能，是如何维持体温恒定的？如果在炎热的环境中，人体散热减少，机体又是如何维持体温恒定的？ **学生活动** 小组合作构建体温调节的模型。完成后派代表讲解体温调节的过程，其他小组进行纠正和补充。 **教师总结** 呈现体温调节概念模型（图3-10）并总结：神经调节和体液调节共同维持体温恒定。	教师基于学生生活提出探究问题，再结合物理模型的构建帮助学生更好地理解产热与散热的关系；再通过解读问题，层层深入，让学生深刻理解体温调节中体液调节和神经调节二者相互协调的关系。

续表

教学环节	课 堂 实 录	专业点评
任务2：构建体温平衡的调节模型	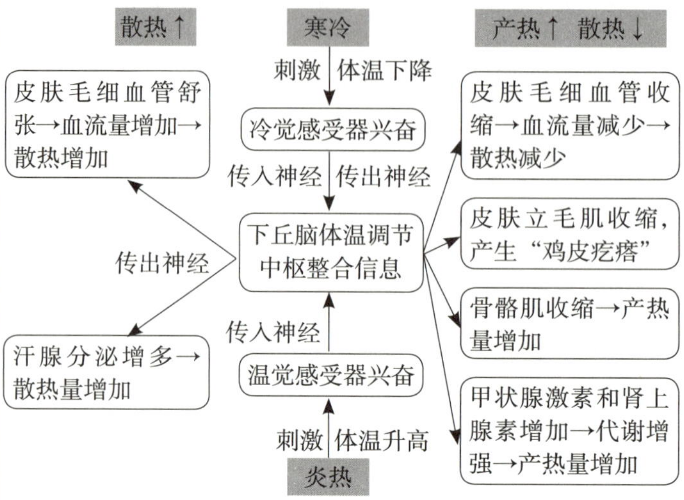 **图 3-10 体温调节概念模型** 散热↑ ← 寒冷 刺激 体温下降 → 冷觉感受器兴奋 → （传入神经/传出神经）→ 下丘脑体温调节中枢整合信息 皮肤毛细血管舒张→血流量增加→散热增加 传出神经 → 汗腺分泌增多→散热量增加 传入神经 ← 温觉感受器兴奋 ← 刺激 体温升高 ← 炎热 产热↑ 散热↓：皮肤毛细血管收缩→血流量减少→散热减少；皮肤立毛肌收缩，产生"鸡皮疙瘩"；骨骼肌收缩→产热量增加；甲状腺激素和肾上腺素增加→代谢增强→产热量增加 **教师评价** 人体体温平衡的核心是产热量与散热量的平衡，这是一个神经-体液调节的过程。在寒冷环境中人体可以通过增加产热、减少散热，在炎热环境中人体可以通过减少产热、增加散热，来实现体温的恒定。	
任务3：分析体温调节的局限性	**呈现资料** 人类有一种疾病叫"低体温症"，该病的发病原因主要是机体产热少，在寒冷环境中从皮肤散失的热量过多，体温不能保持在正常水平。 **教师提问** 人体调节体温的能力是无限的吗？如果长时间停留在寒冷或者炎热的环境中，会怎么样？ **学生活动** 讨论后得出：长时间停留在寒冷环境中，人体产热量小于散热量。 **呈现资料** 小雨同学体温偏高，医生安排她做了血液检查。如果白细胞增多，那么小雨感染细菌的可能性更大；如果白细胞基本不变，小雨感染病毒的可能性更大。依据血检报告单可知，小雨发烧的病因可能是病毒性感染。 **教师提问** 小雨体温上升至38.8℃时，如何急救？ **学生活动** 讨论加快散热的方法，如温水擦拭身体、多喝水、服用退烧药等。 **引导** 服用退烧药后，人体会大量出汗，体温会有所下降。这时需要给患者补充水分以维持机体的水盐平衡，防止患者脱水。 **创设情境** 一次性摄入过多盐分，人会感觉到口渴，尿液会减少。这是机体水盐平衡（渗透压平衡）调节的结果。该过程类似体温调节过程。	教师引导学生关注健康问题，培养解决生产生活问题的担当和能力，树立健康生活的理念，提升了社会责任感。

续 表

教学环节	课 堂 实 录	专业点评
任务3:分析体温调节的局限性	**呈现资料** 人体一次性摄入过多的盐分，会使细胞外液的渗透压升高。下丘脑是渗透压感受器，也是水盐调节中枢。当它感受到细胞外液渗透压升高时，下丘脑神经细胞会在神经垂体处释放抗利尿激素，从而引起肾小管和集合管对原尿中水分的重吸收。 **学生活动** 小组合作，尝试构建水盐平衡调节模型。 **教师活动** 呈现水盐平衡调节模型（图3-11），对学生构建的模型进行补充和完善。 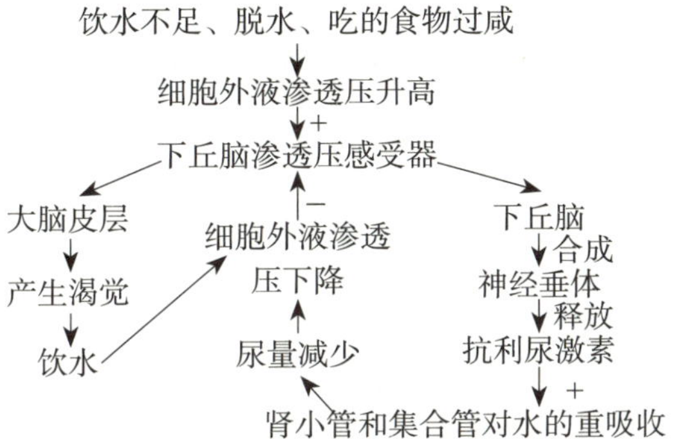 饮水不足、脱水、吃的食物过咸 ↓ 细胞外液渗透压升高 ↓ + 下丘脑渗透压感受器 ↙ − ↓ ↘ 大脑皮层　细胞外液渗透　下丘脑 ↓　　　压下降　　　合成 产生渴觉　　↑　　神经垂体 ↓　　　　　　　　释放 饮水　　尿量减少　抗利尿激素 　　　　　↑ + 　　肾小管和集合管对水的重吸收 图3-11 水盐平衡调节图 **教师评价** 人体水盐平衡也是依靠神经-体液调节。人体通过产生渴觉补充水分和分泌抗利尿激素重吸收水分来维持水盐平衡。	延续性的情境和资料分析可以发展学生分析资料、获取相关信息的能力，以及知识迁移的能力；绘制概念图可以进一步训练学生的建模能力。
任务4:归纳体液调节与神经调节的异同点	**学生活动** 列表梳理体液调节和神经调节的区别（表3-3）。 表3-3 体液调节和神经调节的区别 | 比较项目	神经调节	体液调节
信息传递途径	反射弧	体液运输
反应速度	迅速	较缓慢
作用范围	准确、比较局限	较广泛
作用时间	短暂	比较长
调节结果	肌肉收缩、腺体分泌	调节细胞内代谢等
联系	生命活动的调节以神经调节为主导，内分泌腺为反射弧的效应器，共同协调机体活动，维持内环境稳态，保证机体的正常代谢 ||	总结这两种调节的区别和联系、构建本单元概念体系，有助于学生发展科学思维。

续 表

教学环节	课 堂 实 录	专业点评
课堂总结和提升	引导　在人体内环境稳态的维持过程中，神经调节和体液调节共同发挥着重要作用，其中神经调节起主导作用，联系神经系统和内分泌系统的枢纽是下丘脑。下丘脑在生命活动调节过程中具有哪些作用？请举例说明。 学生活动　小组讨论后总结：下丘脑中的细胞是神经细胞，具有传导和传递神经冲动的功能；下丘脑中的细胞是内分泌细胞，具有分泌多种激素的功能；下丘脑是反射中枢，如体温调节中枢；下丘脑是感受器，如感受细胞外液渗透压。 课后延伸　下丘脑在生命活动调节过程中具有多个功能，它也是血糖平衡调节的中枢。请结合所学内容，在课后构建以下丘脑为中枢的血糖平衡调节模型。	延续单元情境，学生在课外合作完成血糖平衡调节模型的构建。

（三）教学反思

本课时的亮点主要体现在三个方面：一是建构方式上实现从"讲授概念"走向"构建模型"。以发烧这一现实问题为本课时的教学情境，学生基于证据，通过小组合作构建体温调节、水盐平衡调节的模型，发展了科学思维，实现了知识的迁移和应用。二是注重生物学与现实生活的联系。我设计了密切联系生活的问题并引导学生应用神经-体液调节的原理进行分析。例如，为什么人体体温相对恒定？小雨体温上升至38.8℃，如何急救？服用退烧药后需要补充水分，为什么要及时补充水分？这些问题可以引导学生关注生活，让学生在现实生活的背景中学习生物学，并运用所学原理和方法解决实际问题，激发了他们的学习热情。三是以学生活动为主，注重评价。一方面我注重对核心问题的评价，另一方面我注重对学习行为的评价，这些都由学生自评、互评和师评共同完成。通过互评，学生提出新的问题，针对这些问题，我再加以引导，帮助学生发展深度思维。

本课时存在的不足之处：一是引导不够紧凑精炼。我的语言需要浓缩，点到为止。如在任务2中，我可以使用学案以提高教学效率。二是本课时作为体液调节的最后一个课时，需要呈现的内容较多，因此教学略显仓促。后续我将提前准备写着概念的磁力贴，以减少学生构建概念模型的时间。

（四）总体评析

本课时基于模型与建模的科学思维方法帮助学生形成"生命系统内部的结构与功能相适应，并通过系统内部、系统之间信息分子的传递、信号转导实现各结构协调统一、共同完成复杂的生命活动和维持稳态"的观念。本课时的教学设计和课堂实施表现出以下特点：

1. 真实情境激发学习兴趣，强化社会责任的培养。

生物学核心素养中的社会责任是指基于生物学的认识参与个人与社会事务的讨论，做出理性解释和判断，尝试解决生产生活中的生物学问题的担当和能力。教师将本课时的学习任务锚定在真实的问题情境中，并在其中镶嵌解决问题所需要的知识和学习策略，使学生在完成任务的过程中内化知识、发展核心素养。整节课围绕"发烧"这一学生熟悉的真实情境，并以此作为引课和结课的"落脚点"贯穿始终。教师用一系列生活中的问题引导学生关注生活，让学生在现实生活的背景中学习生物学，运用所学原理和方法解决实际问题，认识到保持健康就是对自己、对家庭、对社会的重要责任。从学生的表现情况来看，本课时实现了课程标准所倡导的"教学过程重实践"的核心理念。

2. 联系实际认识内环境稳态的意义，发展科学思维。

本课时学生构建了多个模型，教师引导学生应用归纳法、演绎法、总结法探讨问题，发展学生的发散思维、批判性思维等。如在学习体温调节时，教师引导学生把产热途径与如何通过调节增加产热量进行关联，把散热途径与如何通过调节减少散热量进行关联。活动过程中教师注重把概念、知识转化为方法和策略，激发学生潜能，发展学生的科学思维。运用模型进行分析也是一种科学思维。当学生习得了运用内环境稳态调节模型分析寒冷环境下的体温调节机制后，教师引导学生迁移应用知识解释炎热环境下与体温调节、水盐平衡调节等相关的情境问题。

3. 利用逆向思维，促进对知识的深度理解。

在水盐平衡调节教学过程中，教师采用了逆向思维，从尿量的多少出发引出抗利尿激素的作用，再让学生回顾抗利尿激素的产生部位，明确该激素的来源；在此基础上联系生活分析食物过咸引发内环境理化性质改变时机体是如何恢复稳态的，最后鼓励学生尝试把所有内容联系成较有系统的框架，再与教科书中的示意图做对比，进行修正并做相关补充。在此过程中，学生主动获取了知识，很有成就感，对每个环节的理解也十分清晰、到位。这种教学策略潜移默化地影响了学生逆向思维的发展。

4. 改进建议。

本课时结合学生的心理特征及认知规律，紧紧围绕培养学生核心素养这一主线，以教师为主导，学生为主体，让学生自主参与知识生成的整个思维过程。当然，本课时仍有几个细节需要教师进一步改进和完善。如本课时问题链的设计还有一定的提升空间，问题的梯度、深度以及逻辑关系还需要仔细推敲，以便教师引领学生进行相关问题的深度讨论。小组合作学习的合理性、分组的科学性以及评价激励的有效性还需要不断改进和优化，以便在课堂上形成组内互助、组间竞争的学习氛围。

（本课时由湖州市行知中学苏晨老师设计和执教）

单元 4

免疫系统能够抵御病原体的侵袭

专家解读

一、单元教学分析

高等动物和人体在生长、发育和繁殖等各种生命活动中,通过神经-体液-免疫调节机制,使机体维持稳态,其中免疫调节包括免疫系统的组成、免疫系统功能及免疫学的应用等。免疫系统是由免疫器官、免疫细胞和免疫活性物质组成,是免疫调节的结构基础。人体通过免疫系统识别"自己"和"非己",通过三道防线对抗病原体。特异性免疫包括体液免疫和细胞免疫两种方式,T 淋巴细胞诱导细胞免疫,B 淋巴细胞诱导体液免疫。细胞免疫和体液免疫都分为三个阶段:感应阶段、增殖分化阶段和效应阶段。人类通过免疫接种获得对抗病原体的免疫力,免疫系统功能过强或减退都会引发疾病。

学生在初中阶段已学过人体三道防线的组成和功能,有接种疫苗的经验,但未能深入了解免疫应答的机制和过程;对于与免疫相关的术语,学生在生活中已有所接触,如抗原和抗体、病原体和抗原等,但是不能准确区分。本单元专业术语多,知识点多而分散,容易混淆,记忆难度大。特异性免疫的过程复杂,是一个微观、抽象的动态过程,而学生的抽象思维水平不高,理解上存在一定的困难,较难自主构建知识网络。本单元创设了防治艾滋病的情境,设计了单元核心问题,以学习活动来解决情境问题从而进行单元整体教学,引导学生自主建构概念。

二、单元概念解构

本单元聚焦课程标准中的重要概念"免疫系统能够抵御病原体的侵袭,识别并清除机体内衰老、死亡或异常的细胞,实现机体稳态"。该重要概念是在 3 个次位概念"内环境为机体细胞提供适宜的生存环境,机体细胞通过内环境与外界环境进行物质交换""内环境的变化会引发机体的自动调节,以维持内环境的稳态""内分泌系统产生的多种类型的激素,通过体液传送而发挥调节作用,实现机体稳态"的基础上形成的,并支撑大概念"生命个体的结构与功能相适应,各结构协调统一共同完成复杂的生命活动，并通过一定的调节机制保持稳态"的建构。本单元的教学包含4个次位概念，"免疫细胞、免疫器官和免疫活性物质等是免疫调节的结构与物质基础""人体的免疫包括生来就有的非特异性免疫和后天获得的特异性免疫""特异性免疫是通过体液免疫和细胞免疫两种方式，针对特定病原体发生的免疫应答""免疫功能异常可能引发疾病，如过敏、自身免疫病、艾滋病和先天性免疫缺陷病等"，这4个次位概念共同聚焦本单元的重要概念。这些概念之间的关系如图4-1所示。

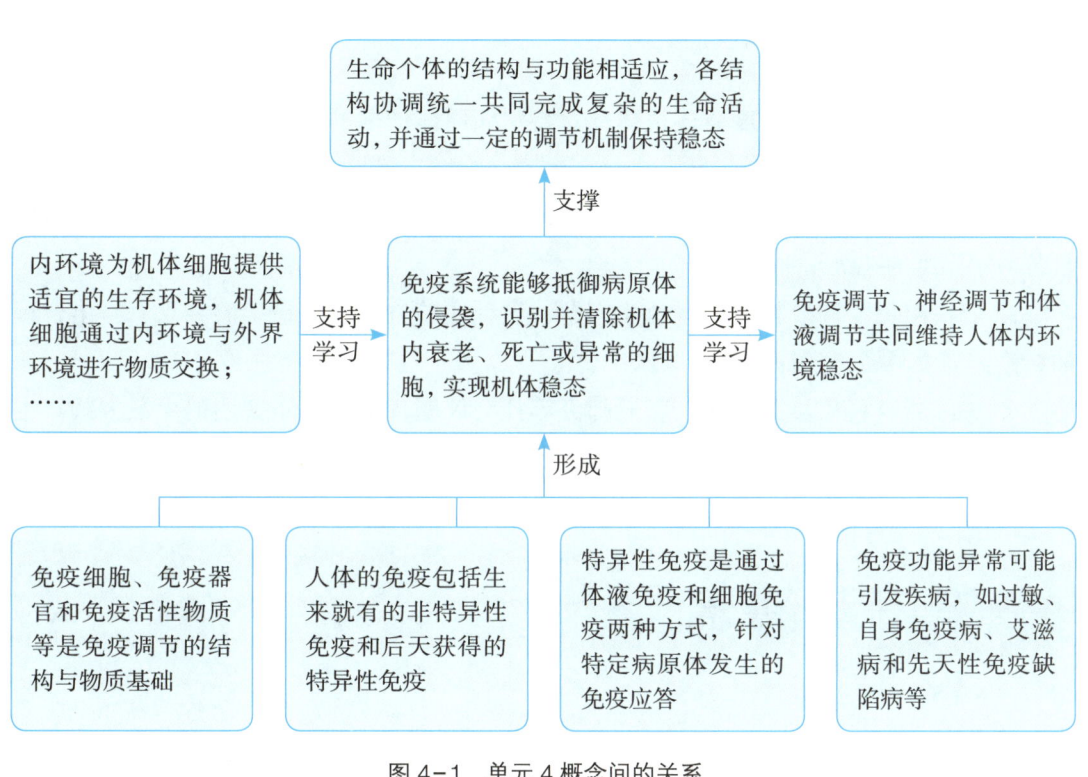

图 4-1　单元 4 概念间的关系

三、单元目标

（一）学习目标

1. 举例说明免疫系统发挥作用的机制和免疫功能异常可能引发的疾病；阐明免疫调节、神经调节和体液调节共同维持人体内环境稳态，逐步形成结构与功能观、进化与适应观、稳态与平衡观等生命观念。

2. 分析免疫调节相关科学史和相关事实，逐步构建免疫系统的组成、特异性免疫等模型。通过模式图、曲线和模型等说明免疫系统抵御病原体侵袭的机制，发展科学思维和科学探究核心素养。

3. 通过模拟实验、ABO血型鉴定实验以及免疫调节相关科学史的分析等活动，运用科学探究的基本思路和方法，提升实验设计能力、分析能力以及对实验结果的交流与讨论能力。

4. 深入探讨身边的相关生物学议题如新冠肺炎、艾滋病等，运用相关防控知识自主分析问题，并提出有效的预防措施。正确对待患者，消除歧视，主动关爱，树立健康的生命观，提升社会责任感。

（二）评价目标

1. 从稳态与平衡观角度概述机体针对特定病原体产生的特异性免疫反应。需要具备生命观念的三级水平。

2. 能概括和归纳出不同病原体入侵机体后引发的免疫识别、免疫应答过程。需要具备科学思维的三级水平。

3. 能提出免疫调节相关的生物学问题，设计实验方案，分析实验结果，得出合理的结论。需要具备科学探究的三级水平。

4. 关注器官移植、艾滋病、新冠肺炎等社会议题，认同健康文明的生活方式。主动向他人宣传健康生活和关爱生命等相关知识及传染病的防控知识。需要具备社会责任的三级水平。

四、单元教学思路

（一）单元情境

2020年全国传染病死亡病例共25374人，新冠肺炎死亡人数位居第二，死亡人数最多的是艾滋病。艾滋病病毒（简称"HIV"）会让你的身体像一个移动的培养箱，各种病毒、细菌和真菌都可以在你体内肆意生长。

（二）核心问题

机体如何抵御HIV的侵袭，如何识别并清除体内的HIV，又是如何通过免疫调节机制维持稳态？

（三）教学流程

以支撑本单元重要概念所需的次位概念为课时学习主题，课时教学以问题、任务、活动、评价为主线展开。本单元分为5个课时，教学流程如图4-2所示。

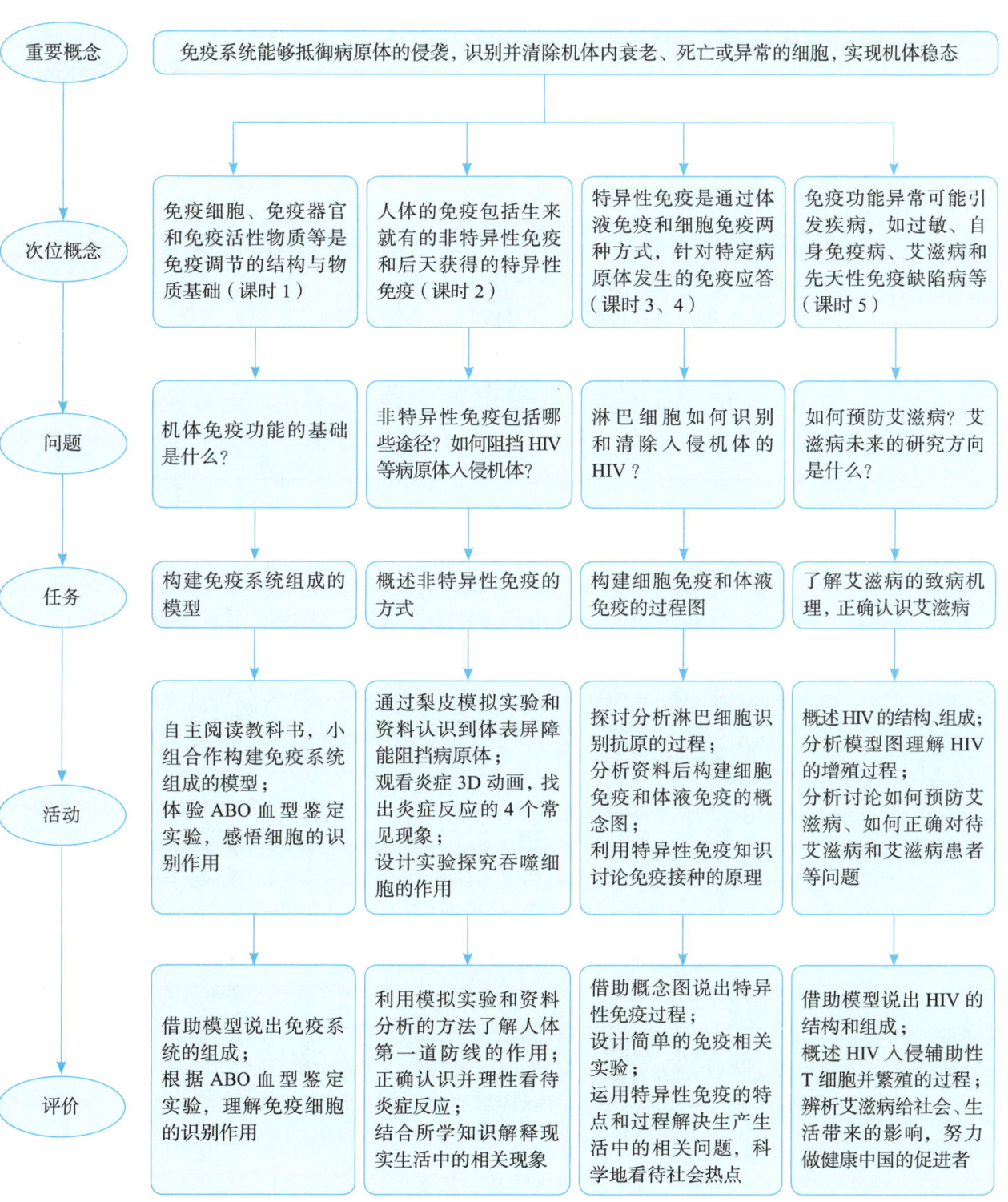

图 4-2 单元 4 教学流程

五、课时教学实例

课时1 免疫系统识别"自己"和"非己"

（一）课时概念解析

本课时的概念为"免疫细胞、免疫器官和免疫活性物质等是免疫调节的结构与物质基础"，该概念的建构需要以下基本概念或证据的支持：

1. 免疫系统的功能建立在细胞识别的基础上，识别并清除"非己"成分。
2. 免疫系统由免疫器官、免疫细胞和免疫活性物质组成。
3. 人体有三道防线保护自身免受外来病原体的侵袭。

（二）课堂实录

教学环节	课 堂 实 录	专业点评
创设单元情境，提出核心问题	创设情境 展示2020年中国致死人数最多的十种传染病。播放HIV的自述视频：感染了我，我会让你的身体像一个移动的培养箱，各种病毒、细菌和真菌都可以在你体内肆意生长。这种情况下，你身上什么都有可能发生，吃坏肚子能拉稀半个月、角膜炎能持续到你失明……你走了，杀死你的并不是HIV，我只是温柔地卸下你的铠甲，然后冷眼旁观你的灭亡。 单元核心问题 机体如何通过各结构协调统一地抵御HIV的入侵，如何识别并清除体内的HIV，又如何通过免疫调节机制保持稳态？ 课时核心问题 机体免疫功能的基础是什么？	教师以艾滋病的症状为起点创设单元情境，让学生认识、了解艾滋病，同时通过一系列艾滋病病征的展示，引导学生在日常生活中要关爱生命。
任务1：构建免疫系统组成的模型	呈现资料 20世纪60年代，科学家发现将细菌等物质注射入动物后，在动物的血清中能出现针对这些细菌的反应物，这些反应物后来被称为"抗体"，并发现免疫细胞可产生抗体。但抗体的产生部位、免疫细胞的种类等诸多问题都悬而未决。 学生活动 分析问题：当时已知发挥免疫作用的物质是什么？还有什么是未知的？ 呈现资料 资料1：1961年，法国科学家米勒对摘除胸腺的无菌小鼠进行皮肤移植实验，结果发现这些小鼠丧失了产生排斥反应的能力，对外源皮肤可以说是来者不拒。米勒又对早亡的去胸腺小鼠进行解剖观察，发现其肝脏出现大面积病毒感染，此外，去胸腺小鼠更易患癌。 资料2：儿童医学家库伯发现两类X-性连锁疾病。一是湿疹血小板减少伴免疫缺陷综合征，患儿对病毒缺乏抵抗力，但其体内可产生大量抗体；二是先天性抗体缺陷综合征，患儿体内缺乏抗体，但保留抗病毒感染的能力。	教师基于科学史的发展引导学生积极参与，做出推测。这个过程锻炼了学生的模型构建能力，发展了学生的科学思维。

续　表

教学环节	课　堂　实　录	专业点评
任务1：构建免疫系统组成的模型	资料3：库伯受到其他科学家的启发，对鸡进行了实验，一是切除鸡的腔上囊，鸡的抗体产生功能丧失；二是摘除鸡的胸腺，鸡的抗感染能力消失，但抗体产生功能并未完全消失。 根据资料1、2、3，讨论并推测免疫细胞的产生部位和种类。每组代表回答从每则资料中获取的信息，其他小组点评、补充。 学生活动　代表汇报： 根据资料1分析得出：胸腺是一种重要的免疫器官。推测胸腺的具体作用是产生免疫细胞，免疫细胞产生抗体，从而具有抵抗病毒入侵的功能。 根据资料2分析得出：人体至少存在两种免疫细胞。 根据资料3分析得出：鸡体内至少存在两类不同来源、不同功能的免疫细胞。且腔上囊产生的免疫细胞可产生抗体。 教师讲解　来源于腔上囊的免疫细胞负责制造抗体，科学家根据腔上囊单词首字母将这种免疫细胞命名为B淋巴细胞；来源于胸腺的免疫细胞介导移植物排斥反应等，同样，根据胸腺单词首字母将这种免疫细胞命名为T淋巴细胞。 腔上囊是鸟类独有器官，人和小鼠等哺乳动物体内都不存在，那么人和小鼠的B淋巴细胞是从何而来的呢？ 呈现资料　资料4：1974年，澳大利亚研究团队和瑞士日内瓦大学的研究团队使用小鼠骨髓培养出了B淋巴细胞。 学生活动　基于资料4得出负责造血的骨髓具有和腔上囊一样产生B淋巴细胞的功能。 阅读教科书第72、73页的内容，补充、构建免疫系统组成的模型。 师生活动　教师投屏展示学生的模型，学生之间相互纠错，完善模型。 教师活动　提出问题：作为铠甲的免疫系统是如何相互配合来保护我们身体不受感染的呢？再利用增强现实技术（简称"AR技术"）投屏人体的免疫系统组成。	教师结合AR技术激发学生的学习热情，并帮助学生更直观地认识免疫系统，形成结构与功能观、局部与整体观。
任务2：探究免疫系统的功能	衔接过渡　免疫系统如何识别外来"非己"成分？ 呈现资料　1825年，英国妇产科医生布伦德尔在一位产妇产后大出血时，叫来了她的丈夫，让他伸出手臂站在妻子身旁。紧接着，他在丈夫的手臂上扎一个口子，用漏斗接住血液，而漏斗又连着一根软管，血液经过软管输送到了产妇体内。最后，产妇活了下来。此后，布伦德尔也为其他大出血产妇输血，有些产妇被挽救了生命，但有些产妇输血后反而加速了死亡。 播放视频　ABO血型鉴定活动的操作步骤。 学生活动　将血滴分别与A型血、B型血的血清混合进行血型鉴定。展示实验结果，描述看到的现象并尝试解释：A型血血液中有能与B型血血清中的抗体识别并结合的物质。 血型展示　各种检测结果所对应的血型。	学生通过体验ABO血型的检测活动感受细胞的识别作用，结合视频、彩图化抽象为形象，思考并猜测同种细胞发生聚集的原因，从而建构主要组织相容性复合体的概念。

续表

教学环节	课 堂 实 录	专业点评
任务2：探究免疫系统的功能	教师提示　与A型血、B型血血清中的抗体结合的物质存在于红细胞膜上，请回忆必修1模块中的细胞膜相关知识，推测这个物质是什么。 学生回答　糖蛋白。 实验展示　"打碎重生"的海绵。 教师提问　为什么只有相同种属的海绵细胞发生聚集？ 学生回答　因为相同种属的海绵细胞表面具有相同种类的糖蛋白。 教师提问　人体所有细胞的细胞膜上都有一种糖蛋白——主要组织相容性复合体（简称"MHC"）分子。为什么严重烧伤的患者移植他人的皮肤后不易成活？ 学生回答　不同人细胞表面有不同的MHC分子。 引导　外来器官细胞表面的MHC与受体的不同，免疫细胞会识别并清除这一"非己"成分。被免疫细胞识别并清除的"非己"物质称为抗原。 交流讨论　联系生活中遇到的抗原，总结抗原的一般特点：大分子性、异物性、特异性。	
概念迁移，交流评价	关联情境　说一说如何预防新型冠状病毒的感染。 回扣情境　当你的皮肤意外接触到艾滋病病毒时，你是否就会发生感染？ 铺垫下节　人体的三道防线具体是如何起作用的？为何人体有三道防线，但在感染了艾滋病病毒后机体还是束手无策？	回扣单元情境，教师抛出深层次的问题引发学生思考，同时也为本单元后面的内容做了铺垫。

（三）教学反思

本课时的亮点主要体现在三个方面：一是较好地体现了模型构建与概念教学的有效结合。学生通过自主阅读教科书初步构建免疫系统的结构基础，在初步了解免疫系统中各个组分的功能的基础上，形成结构与功能观和局部与整体观等生命观念。同时，学生通过小组合作分析实验认识到胸腺的功能及T淋巴细胞是在胸腺中产生的。在这个过程中学生理解科学的本质和科学研究的思路、方法，体会科研的乐趣，从而发展生物学学科核心素养。二是利用了AR技术，化抽象为形象，帮助学生有效地认识免疫系统。本课时的重点是免疫系统的组成，但免疫系统不像呼吸系统、消化系统，它在身体中所处的部位相对隐蔽，学生对它的了解很少，并且免疫系统中的各个器官对学生来说十分抽象。因此，AR技术能帮助学生更加直观地看到免疫器官所处的位置并理解它们是通过相互之间的联系发挥免疫的功能。三是对教科书内容进行了处理，将血型活动提前。学生通过体验ABO血型的检测活动感受细胞的识别作用，在提升动手操作能力的同时激发了自己对生物学的兴趣。

本课时存在的不足之处：一是单元情境与课时情境融合不够。艾滋病是本单元的情境，我只是在引入新课和为后面课时做铺垫时有所提及。二是血型检测活动需要刺破皮肤，这对部分学生来说具有一定的挑战。三是本课时中大多是采用师生对话的形式，若能设置更多具有开放性和思考性的问题供生生交流，效果会更好。

（四）总体评析

本单元围绕艾滋病展开，学生从身边问题出发积极思考。本课时是本单元整体教学的第一课时，具有搭建整体内容框架的作用。本课时的教学设计和课堂实施表现出以下特点：

1. 以事实情境引入，明确单元任务，发展科学探究能力。

单元情境引起了学生对艾滋病的关注，引出了单元核心问题，指向了社会责任核心素养的发展。本课时的新名词比较多，学生通过自主阅读建立免疫系统组成的概念模型，训练了提取信息的能力，掌握了构建概念模型这一重要的学习方法。教师通过加强训练学生的分析、归纳能力，发展了学生的科学思维和相互尊重、相互学习的合作精神。

2. 利用 AR 技术，激发学生的学习热情。

免疫系统的各个器官在身体中所处的部位相对隐蔽，比较抽象，学生在平时的生活中对这些器官的了解很少。教师利用 AR 技术在课堂中展示人体免疫系统各个组成器官，化抽象为具体，帮助学生更清晰地认识了免疫系统在身体中的分布，同时也激发了学生对生物学的学习热情。

3. 调整教学内容的顺序，落实建构主义教学理念。

教师把免疫系统的组成这一内容提前，先引导学生认识免疫系统的组成，再引导学生理解免疫系统识别"自己"和"非己"的功能，形成了结构与功能相适应的生命观念。同时，教师将血型检测活动提前，让学生通过此活动感受细胞的识别过程，增加了学生的课堂参与度，也为课时 4 中的识别内容做了铺垫。教师在学生认知规律的基础上，根据教学需要重新调配教科书资源，对教科书进行了二次开发。

4. 改进建议。

首先本课时内容较多，课堂时间紧凑，因此在每一个环节的落实过程中都没有教师预设得那么深入，建议教师可以适当取舍，突出重点问题。其次是教师在提问和回答时语言可以更加精炼和具有艺术性，潜移默化地渗透生命观念。此外，本课时缺少开放性问题，动态生成不足，以及教师在教学评价策略的使用上，更多的是师生对话，建议教师采取更多的评价方式，增加生生交流的机会等。

（本课时由浙江省大田中学季梦琪老师设计和执教）

课时 2 人体通过非特异性免疫对抗病原体

课堂实录

（一）课时概念解析

本课时的概念为"人体的免疫包括生来就有的非特异性免疫和后天获得的特异性免疫，人体通过非特异性免疫对抗病原体"，该概念的构建需要以下基本概念或证据的支持：

1. 体表屏障是人体对抗病原体的第一道防线。
2. 体内的非特异性反应是人体对抗病原体的第二道防线。

（二）课堂实录

教学环节	课　堂　实　录	专业点评
关联单元情境，提出核心问题	创设情境　每年的 12 月 1 日是世界艾滋病日，而 1 月 21 日是世界拥抱日。如果我们拥抱了一位艾滋病患者，是否需要担心自己会因此感染 HIV？ 核心问题　非特异性免疫包括哪些途径？如何阻挡 HIV 等病原体入侵机体？	承接上一课时的问题，教师引导学生思考与艾滋病患者拥抱是否会感染 HIV，有效激发了学生的学习兴趣。
任务 1：阐明体表屏障对病原体的阻挡作用	学生活动　兴趣小组的同学课前查找资料后发现，人体皮肤与果皮的外侧都存在结构紧密的组织细胞，这对内侧细胞都能起到保护作用。因此兴趣小组以梨为实验材料，通过探究梨皮在保护梨免受病菌侵害中所起的作用，类比推测皮肤在保护人体中的作用。 观看关于兴趣小组实验过程的视频，兴趣小组对梨的处理如图 4-3 所示。 图 4-3　兴趣小组对梨的处理 教师提问　兴趣小组对梨进行分组处理，这遵循了实验设计中的什么原则？实验结果可能是怎样的？实验结论是什么？ 学生活动　思考后回答：实验遵循了对照原则。预测 4 个梨的变化后，观看兴趣小组的实验结果（图 4-4），得出梨皮能阻挡病菌侵害的结论，推测皮肤能像梨皮一样阻挡病菌的侵害。	教师以翻转课堂的形式展示实验，引导学生类比推理体表屏障对病菌的阻挡作用。

教学环节	课 堂 实 录	专业点评
任务1：阐明体表屏障对病原体的阻挡作用	 图 4-4　不同处理方式下梨的变化 **教师设疑**　那么，对于人体而言，体表屏障是如何阻挡 HIV 入侵的？ **学生活动**　分组阅读材料，每组代表回答从资料中获取的信息，其他小组点评、补充。 **呈现资料**　科学家曾经做过这样一个实验，把一种有毒的链球菌涂在健康人的清洁皮肤上，2 h 后检查，发现 90% 以上的细菌都被消灭了。 **教师提问**　那么皮肤是如何发挥杀菌作用的？请自主阅读教科书后回答。 **学生活动**　自主阅读后回答：皮肤表面有角质层能阻挡病菌，皮肤分泌物（如油脂）能抑制许多微生物的生长。 **呈现资料** 资料 1：呼吸道黏膜能分泌黏液捕获空气中的微生物，黏膜上覆盖着一层纤维柱状上皮细胞，纤毛不停地摆动，可使潜在的入侵者离开肺部进入消化道。 资料 2：取相同大小的滤纸片分别置于唾液和生理盐水中浸透，再用小镊子夹取滤纸片平贴于含微球菌的平板表面，置于 37℃恒温箱培养 18～24 h 后，发现含唾液的滤纸片周围出现透明的溶菌环（滤纸片周围细菌死亡），而含生理盐水的滤纸片周围则没有透明的溶菌环。 **交流评价** 学生回答：根据资料 1 可知，黏膜上的纤毛具有清扫异物（包括病菌）的作用。根据资料 2 可知，唾液中含有杀菌物质。 教师总结：黏液中的溶菌酶可以破坏细菌的细胞壁而使细胞破碎从而发挥杀菌作用。此外，胃液中的胃酸也会杀死大部分微生物。 **学生活动**　根据以上资料，概括人体第一道防线的组成和功能：第一道防线包括身体表面的物理屏障和化学防御，包括皮肤和黏膜。 第一道防线的作用是阻挡病原体的入侵、分泌杀菌物质、清扫异物。 **引导**　在我们体表屏障完整的情况下，与艾滋病患者拥抱、共进晚餐是否会感染 HIV？	教师借助资料锻炼学生阅读文字和提取信息的能力，利用 HIV 相关知识培养学生的自我保护意识，引导学生学会关爱别人，增强社会责任感。

续 表

教学环节	课 堂 实 录	专业点评
任务2：构建炎症反应流程图	**引导** 一旦皮肤破损，HIV就有机会突破人体第一道防线，此时机体又该如何保护自己？机体启动第二道防线时，往往会引起局部炎症反应。 **学生活动** 回顾生活中摔伤、擦伤的经历，描述伤口的症状。 **教师提问** 如果伤口处理不当，可能会化脓，脓液中含有什么？这些现象的具体原因是什么？ **学生活动** 认真观看与炎症有关的3D动画，从动画中找出发生炎症反应时的4个常见现象，构建炎症反应流程图（图4-5）。 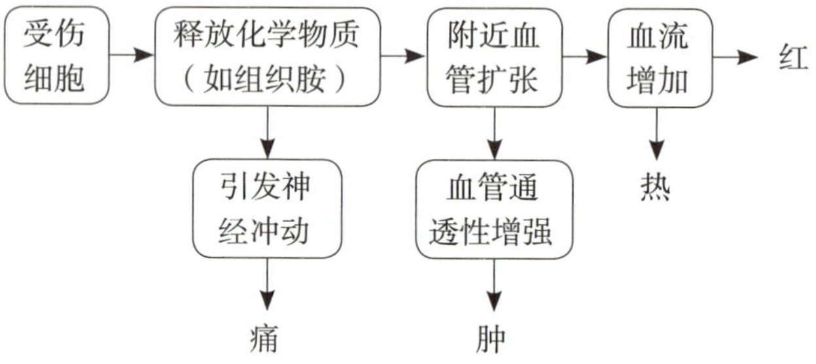 受伤细胞 → 释放化学物质（如组织胺）→ 附近血管扩张 → 血流增加 → 红 ↓ ↓ ↓ 引发神经冲动 血管通透性增强 热 ↓ ↓ 痛 肿 图4-5 炎症反应流程图	教师引导学生思考并提出新的问题，从而过渡到第二道防线；再利用概念图进行梳理，加深学生对第二道防线的理解。
任务3：探究吞噬细胞对抗原的吞噬作用	**教师提问** 在HIV等病原体侵入人体引发炎症反应时，有哪些细胞能行使吞噬功能？它们的吞噬能力相同吗？吞噬细胞能否分辨病原体与自身细胞？ **学生活动** 利用学案中的材料，合作完成实验设计，并思考回答问题。在每组汇报实验设计后其他小组进行点评。 **引导** 简单介绍实验材料和实验步骤，提出以下问题： ① 实验前向小鼠腹腔注射可溶性淀粉肉汤的作用是什么？ ② 为探究巨噬细胞能否分辨病原体与自身细胞、是否具有吞噬抗原的功能，实验该如何设置分组？ **呈现资料** 鼠巨噬细胞吞噬鸡红细胞的显微摄影照片（图4-6）。 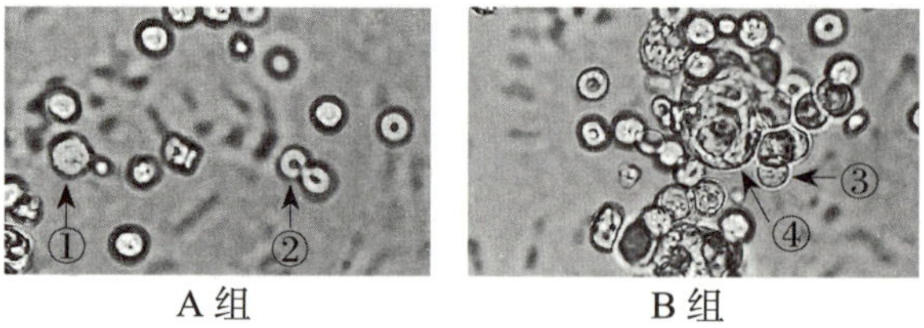 A组　　　　　B组 ① 鼠巨噬细胞；② 鼠红细胞；③ 鸡红细胞； ④ 发生吞噬的巨噬细胞。 图4-6 巨噬细胞吞噬鸡红细胞的显微摄影照片	教师以实验设计的方式发展学生的生物学学科核心素养，加深了学生对探究实验的理解和对吞噬细胞吞噬抗原这一抽象知识的理解。

续　表

教学环节	课　堂　实　录	专业点评
任务3：探究吞噬细胞对抗原的吞噬作用	**学生活动**　观察照片后描述照片中各组的实验现象，并得出结论。 **教师设疑** ① 若要在此实验的基础上探究巨噬细胞对抗原的识别是否具有特异性，应如何设置分组？实验材料可再提供白色念珠菌等。如何进行结果预测？实验结论是什么？ ② 巨噬细胞在吞噬入侵的病原体时，往往会使人体发热，这又是为什么呢？ **学生活动**　自主阅读教科书小资料"发热是一种非特异性防御机制"，观看关于患者感染HIV和发现艾滋病过程的视频，运用所学知识回答下列问题： ① 为什么要询问该男子皮肤是否破损？ ② HIV进入血液，人体是否一定会被感染？ ③ 视频中该男子身体发热的原因是什么？ ④ 生病时体温是不是越高越好呢？ 概括人体第二道防线相关知识，总结得出第二道防线组成包括体液中的杀菌物质和吞噬细胞；功能是溶解、吞噬和消灭病原体。	学生利用所学知识回答层层递进的问题串，锻炼了逻辑思维能力。
回扣情境，评价交流	**评价交流**　结合我国颁布的针对艾滋病患者的"四免一关怀"政策，回顾本课时知识，进行交流与评价： ① 人体免疫的第一道、第二道防线分别有什么特点？ ② 医院打针前为什么要先对皮肤进行碘伏消毒？ ③ 结合基因工程知识，尝试分析干扰素等治疗炎症的物质的来源以及抑制炎症的主要方式。 ④ 在平常生活中，面对艾滋病患者时，我们该如何与他相处？又该如何保护自己？ **评价任务**　通过课后查阅资料，进一步思考：若这两道防线都没能阻挡HIV等病原体的入侵，我们的机体又该如何应对。	教师依托单元情境开展评价活动，提升了学生的社会责任感；设置疑问，引导学生继续思考，为下一节课做好铺垫。

（三）教学反思

高中生容易接受事实性知识，而在建构大概念上则相对困难，因此需要通过一个或多个单元的教学逐渐完成。本课时对本单元知识的逻辑线索和知识结构进行了梳理，采用"任务驱动"和"情境创设"策略引导学生建构概念、发展生物学学科核心素养。本课时的亮点主要体现在三个方面：一是以"世界艾滋病日"和"世界拥抱日"为情境导入，引导学生思考"拥抱艾滋病患者，是否需要担心自己会感染HIV"以激发学生兴趣，调动学生的学习积极性，进而引出核心问题。二是实验设计与概念教学有效结合。通过探究梨皮在保护梨免受病菌侵害中的作用，类比推测皮肤在保护人体中的作用。本课时以小鼠腹腔巨噬细胞吞噬实验为例，在发展学生科学思维的同时锻炼了学生的探究性学习能力；再基于教科书引导学生展开探究，发展学生的科学思维，通过层层深入的情境带领学生深入理解非特异性免疫。三是利用翻转课堂的教学模式，提高课堂效率，发展学生的科学思维。我先安排兴趣小组的学生课前完成实验，再在课堂中进行评价和讨论，这样既提升了学生自主学习的能力，又培养了学生对生物学科的兴趣；课堂教学过程中，我通过资料分析活动提高了学生获取信息、科学论述等能力；最后通过非特异性免疫概念图的梳理和整合，实现了本课时知识结构的构建。

本课时存在的不足之处：一是课堂时间分配不够合理。人体第一道防线的相关知识较为简单，占据的时间过多，导致第二道防线的学习不够充分。二是在炎症反应流程图的构建以及巨噬细胞吞噬抗原实验中，缺少开放性问题的引导，导致学生在获取资料信息、构建流程图等过程中略感困难。因此，此环节我应该适当降低难度或是调整语言，以使学生更容易理解和接受课堂知识，课堂教学也能更有效地开展。此外，在课堂教学过程中，我应该更多地采用师生互评和生生互评等方式，充分调动学生思考以加深印象。

（四）总体评析

本课时是本单元的第二课时，延续了第一课时的问题教学法，继续探讨 HIV 入侵人体的过程，保证了学生学习思维的连续性。本课时的教学设计和课堂实施表现出以下特点：

1. 真实情境激发学生的学习兴趣。

生物学是一门理论知识与生产生活相联系的学科，其学科核心素养的发展离不开真实情境的支撑。本课时以拥抱艾滋病患者为情境导入，以探究人体如何阻挡 HIV 入侵为任务设计问题串，引发了学生对人体免疫防线的思考。

2. 基于资料分析，培养学生获取信息的能力。

课堂教学应注重学生的课堂参与度，发展学生思维，开展有深度的教学。教师在课前准备好了相关的学习资料，便于学生在课堂上阅读资料、思考以及提炼信息、总结等。这样学生的思维才能打开、激活，并在生生评价、讨论中实现思维的碰撞，得出相关结论。

3. 以实验设计、科学探究的形式完成概念的建构。

在实验探究过程中，学生利用已有的材料自行设计实验，他们对现象的好奇心和求知欲被激活，从而更好地掌握了科学探究的基本思路和方法。本课时中学生利用鼠巨噬细胞、鼠红细胞、鸡红细胞等材料设计实验，完成对巨噬细胞吞噬作用及其吞噬过程的科学探究，再把吞噬细胞吞噬抗原这一抽象概念形象化，以实验现象支撑实验结论，使得该理论知识更具有说服力。学生通过"假设—预测—实验—得出结论"更好地理解了巨噬细胞能识别抗原，但对抗原的识别不具有特异性这一知识。

4. 合理的作业设计和多种形式的评价。

作业的设计应该立足长远，围绕学科学习所要求的关键能力，本课时的作业设计体现了对实验探究能力的培养。如梨皮模拟实验、探究吞噬细胞对抗原的吞噬作用。本课时作业形式多样，如问题、实验、讨论、绘图，以协助学生实现学习进阶。在评价方面，教师采用评价量表对形成性练习题、概念图进行了评价；引导学生针对我国艾滋病患者的生活现状及"四免一关怀"政策展开讨论并对此做出了评价；还对学习任务单的完成情况进行了评价。此外，教师还采用生生互评、教师评价的方式对学习效果进行了评价。

5. 改进建议。

一是课堂板书不完整，没能很好地帮助学生建立人体防线的知识框架。二是从课堂教学情况来看，学生的抽象能力和思维推理能力不足，学生对实验设计略显为难，教师应该多做相关的引导，简化实验过程。

（本课时由浙江省临海市杜桥中学张晶晶老师设计和执教）

课时3、4 人体通过特异性免疫对抗病原体

课堂实录

（一）课时概念解析

本课时的概念为"特异性免疫是通过体液免疫和细胞免疫两种方式，针对特定病原体发生的免疫应答"，该概念的建构需要以下基本概念或证据的支持。

1. 特异性免疫具有特异性和记忆性。
2. 细胞免疫由 T 淋巴细胞主导，直接杀死靶细胞；体液免疫由 B 淋巴细胞主导，效应 B 细胞可以分泌抗体以清除细胞外的病原体和毒素。

（二）课堂实录

教学环节	课 堂 实 录	专业点评
创设情境，提出核心问题	创设情境 "无名英雄"带着他的兄弟姐妹们奔赴各个战场杀灭癌细胞和被 HIV 侵入的细胞等。这位英雄就是 T 淋巴细胞，它所主导的特异性免疫为细胞免疫。 学生活动 结合非特异性免疫的内容，简单描述 HIV 感染机体的过程： 突破第一道防线后，HIV 一部分被第二道防线消灭，一部分游离在体液中，另一部分侵入宿主细胞。 引导 对于游离在体液中的病毒，机体主要采取体液免疫进行对抗，而侵入宿主细胞的 HIV，身体主要采取细胞免疫的方式。体液免疫和细胞免疫共同构成第三道防线，即特异性免疫。 核心问题 淋巴细胞如何识别和清除侵入机体的 HIV？	情境一方面可以激发学生兴趣、引发认知冲突，另一方面又紧扣单元情境、串联单元整体教学内容。

续 表

教学环节	课 堂 实 录	专业点评
任务1：分析T淋巴细胞识别抗原的过程	**呈现资料**　T淋巴细胞识别新型冠状病毒和HIV的示意图（图4-7）。 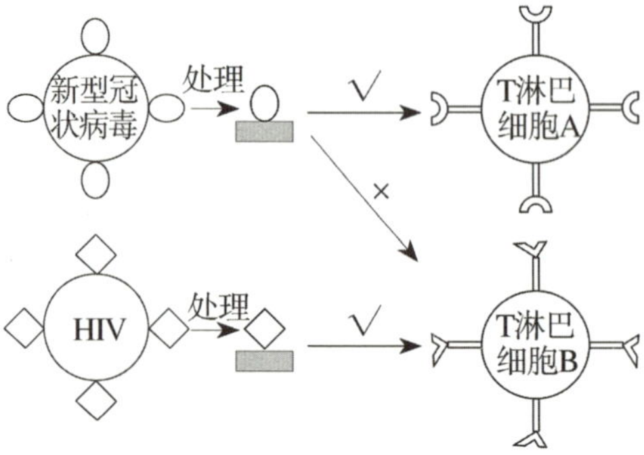 图4-7　T淋巴细胞识别新型冠状病毒和HIV示意图 **教师提问** ①T淋巴细胞识别抗原有什么特点？ ②图中体现的过程与吞噬细胞识别抗原的过程有什么差异？ **学生活动**　思考问题后回答： ①T淋巴细胞只能识别特定种类的抗原； ②吞噬细胞不能识别具体的抗原种类，吞噬细胞直接识别抗原，不需要处理。 **教师活动**　总结特异性免疫的第一个特点并板书：特异性。 **呈现资料**　抗原蛋白中抗原决定簇的分布示意图。 **教师提问**　结合非特异性免疫，T淋巴细胞如何识别蛋白质分子内部的肽段？ **学生回答**　吞噬细胞通过溶酶体将抗原蛋白降解成多肽，多肽再被T淋巴细胞识别。 **引导**　抗原蛋白经吞噬细胞的溶酶体消化处理后分解成肽段，肽段与吞噬细胞的MHC分子结合成抗原-MHC复合体。复合体被吞噬细胞呈递在细胞表面，能够被T淋巴细胞识别。	学生通过分析图像和联系非特异性免疫的内容，对"特异性"进行初步的概念建构，发展了科学思维，形成了结构与功能观等生命观念。
任务2：构建细胞免疫的过程	**呈现资料**　实验初期，通过技术手段使大鼠感染HIV，并给大鼠注射一剂 ^{3}H-胸腺嘧啶核苷，用放射自显影等技术检查细胞标记情况。现辅助性T细胞和细胞毒性T细胞的细胞核已被同位素标记，49 h后，发现被同位素标记细胞核的细胞主要为效应细胞毒性T细胞群和记忆细胞毒性T细胞群。 细胞简介： ① 细胞毒性T细胞：分裂分化后对被病原体感染的宿主细胞、病变细胞等具有杀伤作用。 ② 辅助性T细胞：可以释放免疫活性物质刺激细胞毒性T细胞等。 ③ 效应细胞毒性T细胞：接触被病原体感染的宿主细胞、肿瘤细胞等靶细胞后能使靶细胞凋亡。 **教师提问**　实验中采用 ^{3}H-胸腺嘧啶核苷的作用是什么？	教师采用"目标—情境—问题—活动—评价"的模式解构难点，再通过小组合作的方式构建细胞免疫模型，发展学生构建模型、分析模型的科学思维。同时，该模型也是后续课堂的重要线索。

续表

教学环节	课 堂 实 录	专业点评
任务2：构建细胞免疫的过程	**学生回答** ³H-胸腺嘧啶核苷可以判断哪些细胞进行了细胞分裂、追踪子细胞的去向。 **教师追问** ① 实验初期为什么辅助性T细胞和细胞毒性T细胞的细胞核会被同位素标记？ ② 为什么效应细胞毒性T细胞群和记忆细胞毒性T细胞群49 h后才被同位素标记了细胞核？ **学生活动** 思考后总结如下： ① 说明两者受到某些信号刺激后进行了细胞分裂。 ② 这两种细胞由已存在的细胞分裂分化得到，可能来自细胞毒性T细胞。 **学生活动** 以小组为单位，结合T淋巴细胞识别抗原的特点，用流程图的方式呈现上述细胞免疫的过程（图4-8），展示、交流。 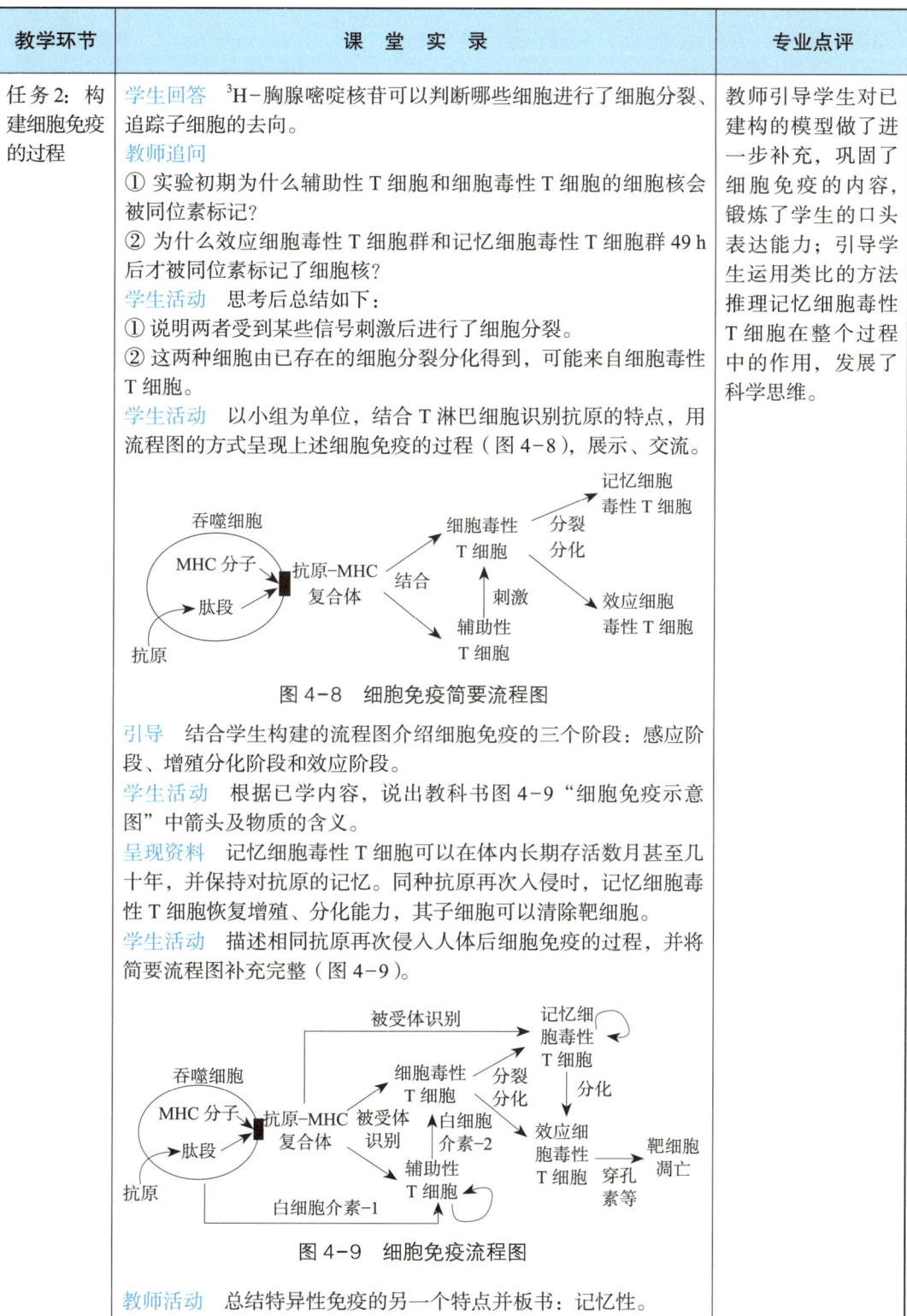 图4-8 细胞免疫简要流程图 **引导** 结合学生构建的流程图介绍细胞免疫的三个阶段：感应阶段、增殖分化阶段和效应阶段。 **学生活动** 根据已学内容，说出教科书图4-9"细胞免疫示意图"中箭头及物质的含义。 **呈现资料** 记忆细胞毒性T细胞可以在体内长期存活数月甚至几十年，并保持对抗原的记忆。同种抗原再次入侵时，记忆细胞毒性T细胞恢复增殖、分化能力，其子细胞可以清除靶细胞。 **学生活动** 描述相同抗原再次侵入人体后细胞免疫的过程，并将简要流程图补充完整（图4-9）。 图4-9 细胞免疫流程图 **教师活动** 总结特异性免疫的另一个特点并板书：记忆性。	教师引导学生对已建构的模型做了进一步补充，巩固了细胞免疫的内容，锻炼了学生的口头表达能力；引导学生运用类比的方法推理记忆细胞毒性T细胞在整个过程中的作用，发展了科学思维。

续　表

教学环节	课　堂　实　录	专业点评
任务3：总结抗体和B淋巴细胞的结构和功能	**过渡**　通过上述学习，我们了解了侵入宿主细胞的HIV被细胞免疫消灭的过程，而游离在内环境中的HIV则需要体液免疫产生的抗体来消灭。 **呈现资料**　抗体的空间结构示意图和效应B细胞的电镜照片。 **教师活动**　简要介绍抗体的"Y"字形结构和两条臂上的抗原结合位点。针对效应B细胞分泌抗体的特点提出问题： ① 效应B细胞在结构上有什么特点？ ② 根据结构决定功能的生命观念，上述结构特点与分泌的抗体有什么对应关系？ **学生活动**　思考后总结如下： ① 效应B细胞的内质网发达。 ② 抗体属于分泌蛋白，需要内质网加工，而效应B细胞的内质网发达，可以在短时间内加工处理大量抗体，并通过膜系统运至细胞外。 **呈现资料**　一个抗原和4个表面受体不同的B淋巴细胞之间的识别关系图。 **教师提问**　从抗原与B淋巴细胞受体的识别特点出发，可以得出什么结论？ **学生回答**　B淋巴细胞通过受体与抗原结合，两者的结合具有特异性。 **教师总结**　体液免疫作为特异性免疫的一部分，同样具有特异性。	基于图片资料的观察分析，学生发展了归纳与概括的科学思维方法。
任务4：构建体液免疫的过程	**学生活动**　以小组为单位阅读教科书，在细胞免疫流程图的基础上，构建体液免疫流程图（图4-10）。 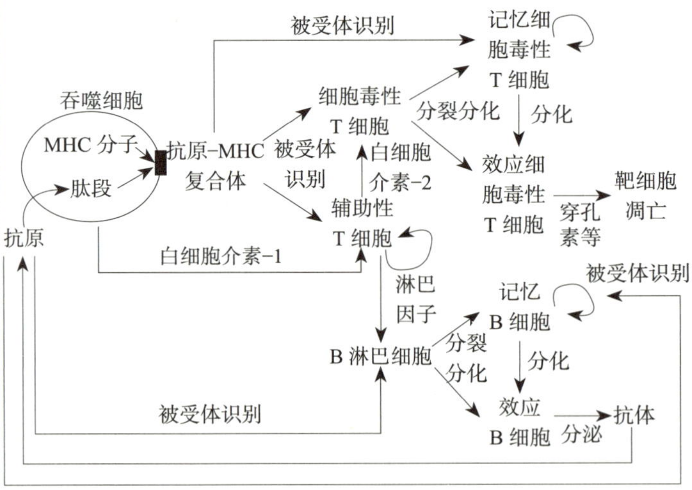 图4-10　特异性免疫流程图 ① 简单阐述体液免疫的三个阶段。 ② 说出教科书图4-11"体液免疫示意图"中箭头及物质的含义。	基于类比与推理、模型与建模等科学思维方法，学生自主构建完整的特异性免疫流程图，将零散的名词通过生物学逻辑串联起来，从模型图切入来理解本课时的次位概念。

续 表

教学环节	课 堂 实 录	专业点评
任务5：简述特异性免疫的特点	**教师提问** 体液免疫和细胞免疫作为特异性免疫的两大部分，有何相似点？ **学生活动** 思考后回答： ① 都具有特异性和记忆性； ② 都经历感应阶段、增殖分化阶段和效应阶段。 **教师提问** 两者存在相似性，同时也存在差异性，免疫过程哪些环节存在差异性？ **学生活动** 思考后回答：主导细胞不同；发挥免疫功能的成分不同；发挥效应的场所不同；辅助性T细胞释放的物质不同。 **教师总结** 对于侵入人体的HIV，这两种免疫既各司其职又相互联系，共同发挥免疫作用。	教师引导学生归纳、概括细胞免疫和体液免疫的异同点，再通过师生互评、生生互评的方式总结，发展了科学思维。
任务6：探讨免疫接种的过程	**过渡** 虽然有上述两种特异性免疫的保护，但艾滋病的危害不容小觑，我们要从源头做起。哪些方式可以预防艾滋病等传染性疾病？ **教师提问** 近日我市各地全面有序地推进新型冠状病毒疫苗接种工作，市民持身份证就近到预防接种点登记即可接种。请从免疫学角度分析，接种新型冠状病毒疫苗预防新冠肺炎的原理。 **学生回答** 疫苗中的抗原分子可以引发特异性免疫，产生效应细胞、记忆细胞等免疫细胞和抗体等免疫物质，保护机体免受感染。这种通过打疫苗，诱发机体自主产生抗体或记忆细胞的方式被称为主动免疫。 **教师提问** "血浆疗法"为何可以治愈疾病？ **学生回答** 康复者的血浆中含有抗体，可以通过特异性免疫杀灭病原体。 **引导** "血浆疗法"这种通过直接接种某种病原体的抗体而获得免疫力的方式被称为被动免疫。主动免疫和被动免疫有什么异同点？ **学生活动** 比较主动免疫和被动免疫，完成表4-1。 表4-1 主动免疫和被动免疫的区别 	比较项目	接种物质	特　点	应　用
---	---	---	---
主动免疫			
被动免疫					教师引导学生结合自身疫苗接种经历展开讨论，并运用归纳与概括、演绎与推理等科学思维方法分析疫苗作用的原理。
概念应用，交流评价	**教师提问** 目前，新型冠状病毒灭活疫苗共接种两剂，两剂的接种间隔2周以上，这样做的原因是什么？ **学生回答** 两次的接种可以使机体产生更多的抗体、效应细胞和记忆细胞，长期防预相应疾病。若较早再次接种，疫苗会与初次免疫后留存的抗体结合，致使机体不能产生足够多的抗体和记忆细胞。	学生运用生物学知识和思维方法解释现实生活中的现象，实现了概念的迁移应用。

续 表

教学环节	课 堂 实 录	专业点评
承接课时 5	教师设疑　回到艾滋病的预防上，已知打疫苗可以为人体提供长期保护，为什么市面上几乎没有艾滋病疫苗？艾滋病疫苗的研究进展如何？带着这些问题，请同学们继续下一课时。	教师设疑启发学生辩证地看待问题，回归单元情境。

（三）教学反思

本课时的亮点主要体现在三个方面：一是采用"5E"教学模式，以吸引、探究、解释、迁移和评价五个环节构建课堂支架：① 用故事化的叙述导入，用贴近日常生活的情境"吸引"学生；② 根据情境中的认知冲突，引导学生基于细胞免疫科学史进行"探究"活动，构建细胞免疫简要流程图；③ 展示流程图并"解释"其建立的依据，补充介绍细胞免疫的三个阶段；④ 基于细胞免疫内容，构建完整的特异性免疫流程图，实现知识"迁移"；⑤ 利用生生互评、师生互评等"评价"方式纠正和落实基本概念，调动学生积极性。二是重视单元情境与课时情境的有效融合。以 HIV 感染机体作"首"，以艾滋病疫苗作"尾"，首尾呼应，突出单元情境；课堂主线为消除入侵宿主细胞的病毒和游离在体液中的病毒，以此将细胞免疫和体液免疫流畅地串联起来。在探究两种特异性免疫的同时，学生也解决了"机体如何清除入侵的 HIV"这个实际问题。三是在教学过程中落实生物学学科核心素养。我通过分析效应 B 细胞的结构特点与分泌抗体之间的关联，强调了结构与功能观；通过自主构建特异性免疫流程图的活动，渗透了归纳与概括、模型与建模等科学思维方法；通过分析新冠疫苗接种原理和血浆疗法原理，引导学生用生物学思维解决实际问题，辩证地、科学地思考社会热点。

本课时存在的不足之处：一是课堂时间长，学生后期疲惫感较重。"人体通过特异性免疫对抗病原体"这个概念的完成需要两个课时，我为了更好地呈现教学情境，将两个课时打通，因此学生在课堂后期出现了疲劳、注意力不集中等问题。二是任务 3 的设计不够连贯，问题之间的串联需要教师的引导，学生难以自然地联系到下一个问题。

（四）总体评析

本课时重视单元情境与课时情境的有效融合，贯彻持续性评价理念，在递进式的课堂活动中引导学生将知识结构化、模型化，辩证地思考社会热点，渗透了归纳与概括、模型与建模等科学思维方法。本课时的教学设计和课堂实施表现出以下特点：

1. 贯彻持续性评价理念。

持续性评价需要教师在各个阶段对学生的表现或取得的成就做出判断。本课时采用了多水平、多形式、层层递进的持续性评价以判断教学活动的有效性和各阶段任务的完成情况：① 基于细胞免疫的科学史推测并简单解释实验现象；② 理解细胞免疫和体液免疫中的生物学概念，用流程图的形式正确表达概念间的关系，解释教科书插图中各个箭头及物质的含义；③ 运用归纳的方法概括出体液免疫和细胞免疫的异同点；④ 在"新型冠状病毒灭活疫苗接种剂数和接种时间间隔"等新的情境中，清晰、科学地揭示相关的生物学机制。

2. 课堂内融入作业进阶设计。

在整个单元的作业设计中，本课时主要体现了课堂内作业的进阶设计，作业设置梯度合理，发展了学生的学科关键能力：以小组为单位，构建特异性免疫流程图→小组展示成果并阐述构建依据→生生互评，提出疑问，完善流程图→总结细胞免疫和体液免疫的异同点→运用特异性免疫的相关知识，说明接种新冠疫苗预防新冠肺炎的原理。

3. 促进知识结构化、模型化。

特异性免疫的知识比较微观，从分子水平和细胞水平描述免疫反应过程，与宏观的生病、治病、打疫苗等现象之间存在理解和知识迁移上的沟壑，且中间涉及众多的细胞名称和物质名称，这加大了学生的学习难度。教师让学生先构建简要的细胞免疫流程图，找出细胞间的关系后补全该过程涉及的具体细胞行为和物质名称，层层递进，再让学生将自主构建的流程图与教科书插图进行对比，加深了学生对细胞免疫的理解。学生在充分认识细胞免疫的基础上，类比推理构建体液免疫模型图。从学生的课堂展示来看，这种处理方式具有较好的效果。

4. 创设情境，关注社会责任的发展。

本课时的情境激发了学生的学习兴趣，同时也能使学生感受到情境可能发生在自己的生活中，从而更加关注自身健康、珍爱生命。教师在任务 6 中采用了两个重要的真实情境：新冠疫苗的注射和血浆疗法，在引发学生强烈共鸣的同时，引导学生运用生物学知识和思维解决日常问题，辩证地、科学地对待社会热点。

5. 改进建议。

一是特异性免疫微观抽象，教师所用的科学史也较为精妙，构建细胞免疫模型的难度也较大，都需要较强的对分析与推理、模型与建模等科学思维方法的运用能力。教师对科学史材料虽然进行了简化，但涉及同位素示踪法的运用及其结果分析时，学生的抽象思维和推理能力尚且不够，理解有困难。二是体液免疫过程的探究任务主要采取类比和建模的方法，学生将对细胞免疫过程的理解投射到体液免疫上。体液免疫具有大量可供选取的科学史资料，在该环节适当增加或替换部分科学史资料可能可使教学更上一层楼。

（本课时由浙江省回浦中学黄晨老师、台州中学於欣园老师设计，於欣园老师执教）

课时 5　免疫功能异常可能引发疾病
——艾滋病

课堂实录

（一）课时概念解析

本课时的概念为"免疫功能异常可能引发疾病，如过敏、自身免疫病、艾滋病和先天性免疫缺陷病等"，该概念的建构需要以下基本概念或证据的支持：

1. HIV 的遗传物质是 RNA，容易发生突变，且身体的免疫反应跟不上突变速率，使得疫苗无法起到预防作用；

2. HIV 进入人体后，攻击的主要对象是辅助性 T 细胞，辅助性 T 细胞被破坏而导致机体免疫缺乏，致使人体感染其他病原体而患病。

（二）课堂实录

教学环节	课堂实录	专业点评
关联单元情境，提出核心问题	创设情境　通过上一课时的学习，我们了解到疫苗接种可以战胜许多传染性疾病，可艾滋病发现早却仍没有疫苗。为何该疫苗研制难度如此大？播放艾滋病疫苗研究的相关视频。 核心问题　如何预防艾滋病？艾滋病未来的研究方向是什么？	疫苗接种可以让学生认识到预防艾滋病的重要性。
任务1：描述HIV的结构成分	呈现资料　HIV 的结构示意图（图 4-11）。 图 4-11　HIV 的结构示意图 教师提问　根据模型说出 HIV 的结构成分从外至内分别包括哪些。 学生回答　HIV 的结构成分：糖蛋白、来自宿主细胞的脂质层、蛋白质、病毒 RNA 和逆转录酶。 教师追问　说出糖蛋白的作用、HIV 的遗传物质。 学生回答　糖蛋白的作用是伪装、保护、识别；HIV 的遗传物质是 RNA。	教师通过对 HIV 结构示意图的分析培养了学生读图、析图的能力，渗透了结构与功能相适应的生命观念。

续 表

教学环节	课 堂 实 录	专业点评
任务2：探究HIV突破人体防线的过程	**衔接过渡** 结构简单的HIV，是如何突破人体防线的呢？在感染HIV初期，短暂的交锋之下，HIV和免疫系统，谁胜出了呢？ **教师提问** 这个过程中免疫系统叫来了"帮手"以共同维持机体稳态，免疫系统协同哪些"帮手"共同维持体温，使体温略高于正常体温呢？ **学生回答** 神经调节和体液调节共同维持体温恒定。 **教师提问** 神经系统、内分泌系统、免疫系统三者共同对抗HIV维持稳态。经此一战，HIV是否彻底被消灭了呢？HIV躲到哪里去了呢？它在辅助性T细胞内静静潜伏、增殖，伺机行动。如教科书图4-17"HIV侵染辅助性T细胞"，图中红色部分为HIV，蓝色的为辅助性T细胞。那么HIV在辅助性T细胞中的具体增殖过程是怎样的呢？让我们带着问题一起观看HIV侵染细胞的视频。 **学生活动** 用简洁的语言叙述HIV侵染辅助性T细胞的过程：HIV通过吸附、融合、脱壳后，遗传物质RNA进入辅助性T细胞，RNA经过逆转录得到单链DNA，再复制得到双链DNA，并整合到辅助性T细胞中。经过潜伏，激活的辅助性T细胞内前病毒转录产生新的病毒RNA和mRNA，mRNA翻译产生病毒蛋白，与病毒RNA整合产生新的HIV。 **教师提问** HIV的复制和释放对辅助性T细胞、免疫系统会有怎样的影响？经过长时间的拉锯战，免疫系统和HIV，是谁占了上风？ **学生回答** 辅助性T细胞被破坏，免疫功能减退。HIV占上风。 **教师讲解** 那么感染HIV之后，机体内HIV和辅助性T细胞的浓度如何变化呢？科研工作者通过对HIV感染者的研究绘制出相应的曲线。 **呈现资料** HIV侵入与机体免疫应答（图4-12）。 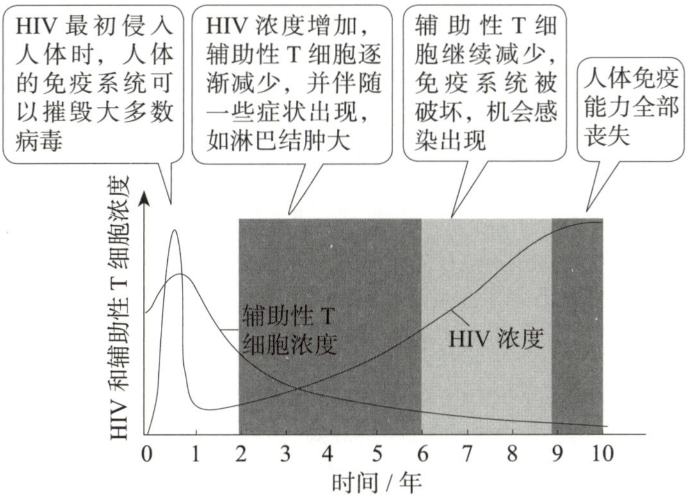 HIV最初侵入人体时，人体的免疫系统可以摧毁大多数病毒 HIV浓度增加，辅助性T细胞逐渐减少，并伴随一些症状出现，如淋巴结肿大 辅助性T细胞继续减少，免疫系统被破坏，机会感染出现 人体免疫能力全部丧失 图4-12 HIV侵入与机体免疫应答	本环节训练了学生的知识迁移能力，强调了单元整体教学思想。教师将持续性评价贯穿教学始终，促进了学生的长远发展。

续 表

教学环节	课 堂 实 录	专业点评
任务2：探究HIV突破人体防线的过程	**学生活动**　针对图4-13，提出并回答下列问题： ① 感染初期，为什么HIV浓度和辅助性T细胞浓度的变化差距较大？ ② 为何会出现淋巴结肿大的现象？ ③ 什么是机会感染？ ④ 人体免疫能力全部丧失的原因是什么？ **教师讲解**　免疫系统被破坏后，一些致病力较弱的病原体进入人体内导致各种疾病，被称为机会感染，而此时这些患者被称为艾滋病患者，预期寿命只有1～3年。 **过渡**　免疫异常的疾病包括哪些？为维持机体的稳态，人体的哪些系统共同参与调控？免疫系统又设置了哪些防线？是哪些结构赋予免疫系统这些功能？ **学生活动**　思考、回答上述问题后，构建单元知识网络（图4-13）。 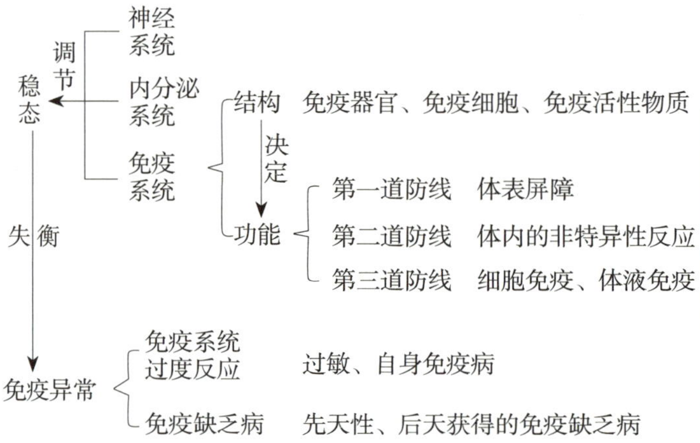 稳态 ← 调节 {神经系统、内分泌系统、免疫系统} 免疫系统 —— 结构：免疫器官、免疫细胞、免疫活性物质 （决定）功能：第一道防线——体表屏障；第二道防线——体内的非特异性反应；第三道防线——细胞免疫、体液免疫 失衡 → 免疫异常 {免疫系统过度反应——过敏、自身免疫病；免疫缺乏病——先天性、后天获得的免疫缺乏病} 图4-13　本单元的知识网络	发现问题是科学探究的开端，解决问题是科学进步的体现。学生能够提出问题是对知识深化的体现。
任务3：探讨艾滋病的现状	**衔接过渡**　层层防护，依然无法阻挡HIV的入侵。大学生艾滋病感染现状如何？ **呈现资料** 资料1：2017年，北京多所高校安装了HIV检测包售卖机。清华大学售卖机装好不到3天，检测包就售空。2018年，上海同济大学仅花6 h，检测包就售罄。回收的37份检测包中，结果呈阳性的有2份。 资料2：2007年至2017年，15～24岁艾滋病患者从642例上升至3436例；15～24岁HIV感染者从5220例上升至14041例。 **教师提问**　关于大学售卖艾滋病检测包，你怎么看？ **学生发言**　这有利于HIV感染者早发现、早治疗。 **教师提问**　回收的检测包和资料2能说明什么问题？	艾滋病现状的了解可增强学生的防范意识，加强自我保护能力。

续 表

教学环节	课 堂 实 录	专业点评
任务3：探讨艾滋病的现状	学生活动　思考后得出：回收的检测包和资料2说明HIV感染人数较多。 教师提问　如何正确对待身边的艾滋病感染者和患者？ 学生活动　思考并讨论问题。 教师活动　播放彭丽媛关爱艾滋病患者及感染者的视频，宣传正确对待艾滋病患者和携带者的态度。	这两个问题可以引导学生主动宣传关爱生命的观念和知识，成为健康中国的促进者和实践者。
任务4：列举艾滋病的研究方向	思考方向 ① HIV易发生变异，怎么办？ HIV疫苗又可以从哪些方面做出调整？ ② 结合HIV入侵细胞的过程，谈谈药物研发可以从哪些角度进行？ ③ 是否可以采用干细胞或者基因编辑治疗艾滋病？ 学生活动　小组讨论以上问题后做出汇报。	探讨未来艾滋病的研究方向能进一步渗透社会责任核心素养。
概念迁移，交流评价	学生活动　结合艾滋病病毒的免疫反应谈谈新型冠状病毒的相关内容： ① 新冠肺炎疫情背景下，我们在学校、医院等公共场所监测体温有何目的？ ② 新型冠状病毒血清抗体检测呈阳性能说明人体感染了新型冠状病毒吗？ ③ 新型冠状病毒疫苗的问世对HIV疫苗研发的启示是什么？ 教师总结　机体通过免疫器官、免疫细胞、免疫活性物质共同对抗新型冠状病毒、HIV等病原体，既有相似之处，也有不同之处，而科学家对此的研究，推动着科学的发展。	本环节紧密围绕单元情境，学生对所学知识进行迁移运用，发展了生物学学科核心素养。

（三）教学反思

本课时的亮点主要体现在三个方面：一是在教学过程中落实生物学学科核心素养。学生通过对HIV结构和HIV入侵辅助性T细胞过程的分析，发展了结构与功能相适应的生命观念；通过阐述HIV入侵辅助性T细胞的流程及HIV增殖对辅助性T细胞的影响，再分析HIV侵入与机体免疫应答的曲线图，提升了发现问题、解决问题的能力；通过探讨艾滋病感染现状及艾滋病未来的研究方向，关注艾滋病，消除了对艾滋病患者的歧视。本课时围绕艾滋病展开教学，引导学生基于稳态与平衡观巩固本单元内容，对知识形成系统的认识。二是注重学生的交流讨论，开展即时评价。从HIV的结构到HIV突破人体防线，再到大学生艾滋病感染现状，环环相扣，驱动学习进程，使学习变得有趣。任务之间相互关联，为单元内容的学习进阶提供依据。三是真实发生深度学习。本课时以艾滋病为情境诱发和支持学生的深度学习，以挑战性任务维持和促进学生的深度学习，以持续性评价和单元作业设计反馈学生的深度学习情况。

本课时存在的不足之处：一是我对课堂生成的处理略显不足。在没有学生提及艾滋病相关事件的时候，我呈现了纪录片《好死不如赖活着》，该片讲述了因非法卖血而感染艾滋病的故事，这个故事脱离了学生的生活，无法激发学生的探知兴趣。二是我将知识的学习局限在课堂中。后续我可以尝试在课前布置相应作业，如让学生收集艾滋病案例以丰富他们对艾滋病的认识，也可以更好地宣传预防艾滋病的重要性。

（四）总体评析

本单元 5 个课时的学习都是基于"艾滋病"展开的，教师以一系列问题引导学习，以各种探究活动深化学习，运用归纳与概括、模型与建模、类比与推理等思维方法，形象生动地描述了人体三道防线对艾滋病的免疫过程，并结合 HIV 的结构渗透结构与功能相适应的生命观念。本课时的教学设计和课堂实施表现出以下特点：

1. 承接单元情境，完成概念建构。

本课时是整个单元的最后一个课时，也是本单元重要概念建构的关键环节，是概念体系建成的点睛之笔。教师承接整个单元的大情境设计了 4 个任务，将本课时的学习串联成一条主线，帮助学生理解 HIV 的结构、HIV 入侵并破坏辅助性 T 细胞和免疫功能丧失的过程，从而深刻理解稳态、免疫、HIV 三者的关系。4 个任务层层深入，为课时以及单元概念的建构搭建了学习支架，引导学生建构了本单元的重要概念。

2. 采用真实情境，激发学习动机，落实社会责任。

本课时涉及的艾滋病疫苗研究现状、大学售卖艾滋病检测包、艾滋病感染人数变化、艾滋病宣传公益片等资料均是现实研究或真实资料。教师通过情境分析促进学生的深度学习，画面和数据带来的强烈冲击使学生深刻意识到 HIV 的破坏性，理性对待艾滋病感染者和患者的必要性，预防、关注艾滋病的重要性，从而关注与艾滋病相关的社会问题，树立生命观念，落实社会责任。

3. 改进建议。

本课时在总体设计上分为 4 个活动，紧紧围绕艾滋病的结构与发病机理展开。但教师对免疫功能异常引发的其他疾病的描述极少，建议教师合理设计一个小活动，加强学生对这部分内容的学习。其次，教师可以要求学生课前上网查询艾滋病相关资料，使概念的整体建构和素养的达成效果更好。最后，教师可以使用评价量表详细反馈学生在课堂中的表现，并有针对性地提出改进方向，为后续教学的顺利开展奠定基础。

（本课时由浙江省临海市第六中学胡灵芝老师设计和执教）

单元 5

植物生命活动主要受植物激素的调节

专家解读

一、单元教学分析

本单元立足植物的个体水平,以系统的视角,分析了植物生命活动调节的重要机制及其重要意义。植物生命活动主要受植物激素的调节,植物激素主要有生长素、细胞分裂素、赤霉素、脱落酸和乙烯。生长素是最早被人们发现的植物激素,科学家逐步发现生长素的过程是一个运用观察、质疑、求证、推理等科学方法,并设计实验进行科学探究的典型范例。在农业生产中,各类以人工合成的植物激素或其类似物为主要成分的植物生长调节剂得到了广泛的应用,由此引发的食品安全和环境保护问题也日益受到人们的关注。植物会对多种环境信号做出反应,如向性运动就是植物对光、重力等有方向性的环境刺激做出的生长反应,光周期和温度等环境信号也会影响植物的开花过程,调控植物的生殖。

经过对人和动物生命活动调节过程的学习,学生已经知晓动物激素调节的基本过程和作用特点,如:内分泌腺或内分泌细胞合成并分泌激素,再通过体液的运输,与具有特异性受体的靶细胞结合,经过细胞内复杂的反应激发一定的生理效应;不同的动物激素,如生长激素和甲状腺激素、胰岛素和胰高血糖素,可以通过协同或者拮抗等方式共同调节动物的生命活动;激素在血液中浓度很低,但作用效能很高。这些内容为学生学习植物生命活动调节的机制奠定了基础。同时,学生在神经调节、体液调节和免疫调节等单元的学习过程中建立了结构与功能观、稳态与平衡观,这能更好地促进学生在本单元学习过程中发展生命观念。

二、单元概念解构

本单元聚焦课程标准中的重要概念"植物生命活动受到多种因素的调节,其中最重要的是植物激素的调节"。该重要概念是在"各种细胞具有相似的基本结构,但在形态与功能上有所差异""细胞会经历生长、增殖、分化、衰老和死亡等生命进程"的基础上形成的,支持"植物细胞工程包括组织培养和体细胞杂交等技术"概念的学习。该重要概念与"内环境为机体细胞提供适宜的生存环境，机体细胞通过内环境与外界环境进行物质交换""内环境的变化会引发机体的自动调节，以维持内环境的稳态""神经系统能够及时感知机体内、外环境的变化，并做出反应调控各器官、系统的活动，实现机体稳态""内分泌系统产生的多种类型的激素，通过体液传送而发挥调节作用，实现机体稳态""免疫系统能够抵御病原体的侵袭，识别并清除机体内衰老、死亡或异常的细胞，实现机体稳态"概念共同支撑大概念"生命个体的结构与功能相适应，各结构协调统一共同完成复杂的生命活动，并通过一定的调节机制保持稳态"的建构。本单元包括"科学家经过不断的探索，发现了植物生长素，并揭示了它在调节植物生长时表现出两重性，既能促进生长，也能抑制生长"等4个次位概念。这些概念之间的关系如图5-1所示。

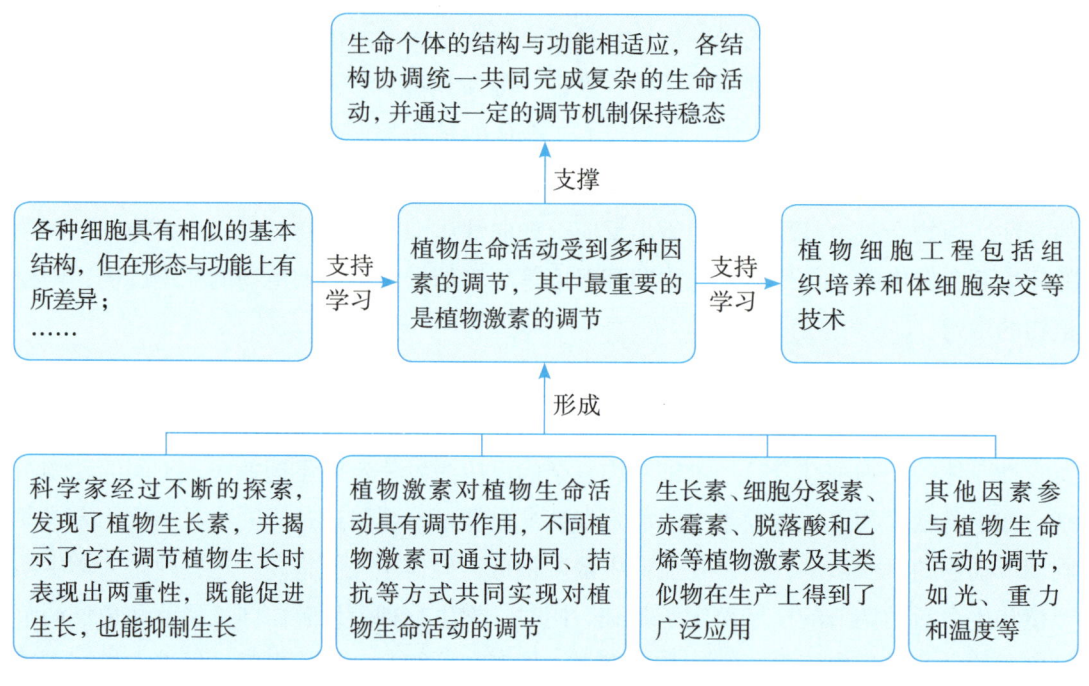

图5-1 单元5相关概念间的关系

三、单元目标

（一）学习目标

1. 通过比较几种主要植物激素对植物生命活动的调节作用，发展稳态与平衡观。通过分析植物生长发育受光、重力和温度等环境因素调节的现象，阐明环境因素的调节与植物适应性之间的关系，发展进化与适应观。

2. 通过分析植物激素在调节植物生长时表现出的两重性，不同植物激素通过协同、拮抗等方式共同实现对植物生命活动的调节等现象，发展归纳与概括、演绎与推理、批判性思维等思维方法。

3. 通过模拟生长素发现过程，掌握科学探究的基本思路和方法，提升针对特定的生物学现象，进行观察、提问、实验设计、方案实施以及交流与讨论的能力。

4. 通过分析植物激素及其类似物在生产生活中应用的相关资料，尝试提出植物激素的实践应用方案，讨论植物激素的应用可能引发的食品安全、环境保护等方面的问题，提升运用生物学知识和方法解决实际问题的能力。

（二）评价目标

1. 在学习生长素的发现和作用后，能从结构与功能观的角度说出植物向光生长的原因；在学习激素及其他因素对植物生命活动的调节后，能从进化与适应观的角度阐述植物生命活动调节对植物生存和繁衍的重要意义。需要具备生命观念的二级水平。

2. 在学习激素对植物生命活动的调节后，能基于事实和证据，运用科学的思维方法揭示其中蕴含的生物学规律，并选用恰当的方式阐明其中的内涵。需要具备科学思维的三级水平。

3. 能按照实验目的和要求，尝试设计实验，完成实验操作，收集并处理实验数据，运用科学术语报告实验结果，得出结论。需要具备科学探究的三级水平。

4. 在完成"探究2,4-D对插枝生根的作用""探究乙烯利对水果的催熟作用"等活动后，能列举常见植物生长调节剂在农业生产中的应用，并关注植物生长调节剂可能带来的环境保护风险。需要具备社会责任的三级水平。

四、单元教学思路

（一）单元情境

菜豆又称四季豆，是老百姓餐桌上的常见食物。有人用延时摄影技术拍摄了一段菜豆从种子萌发到幼苗生长，再到开花结果的过程，向我们展示了一场美轮美奂的"生命之舞"。犹如菜豆一样，其他植物也是专业的"舞蹈家"。科学家对于"生命之舞"产生原因的研究也从未停止。

（二）核心任务

探究植物激素和环境因素对植物生命活动的调节作用。

（三）教学流程

以支撑本单元重要概念所需的次位概念为课时学习主题，课时教学以问题、任务、活动与评价为主线展开。本单元分为5个课时，教学流程如图5-2所示。

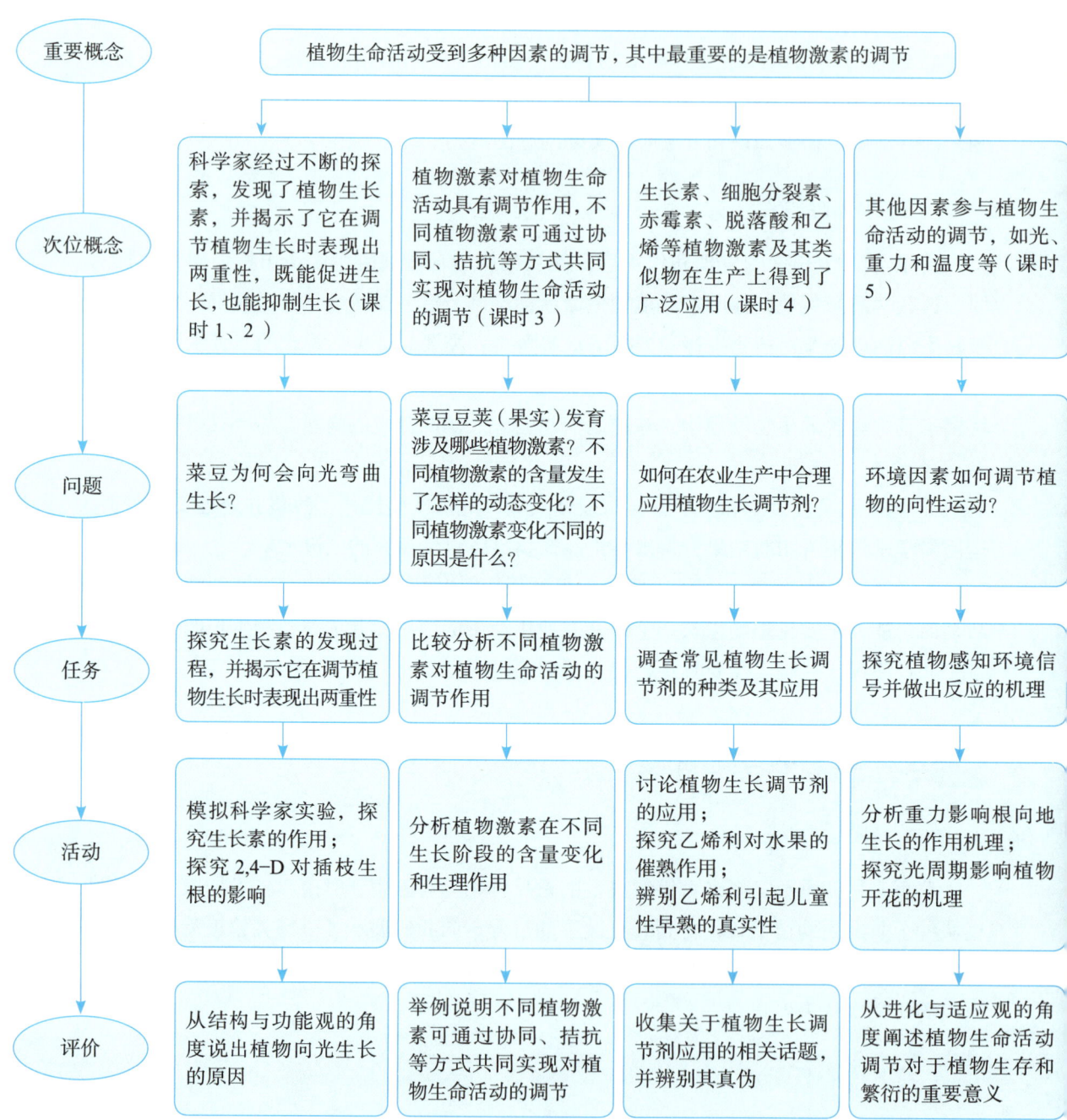

图5-2 单元5教学流程

五、课时教学实例

> 课时 1、2　科学家经过不断的探索，发现了植物生长素，并揭示了它的作用特点

（一）课时概念解析

本课时的概念为"科学家经过不断的探索，发现了植物生长素，并揭示了它在调节植物生长时表现出两重性，既能促进生长，也能抑制生长"，这个概念的建构需要以下基本概念或证据的支持：

1. 植物在单侧光下会出现向光生长的现象；
2. 达尔文父子实验证明了感光部位在苗尖端；
3. 波森·詹森实验、拜尔实验、温特实验都证明了苗尖端会产生促进生长的化学物质并向下运输；
4. 单侧光照射下，生长素通过横向运输、极性运输和非极性运输在植物中分布不均；
5. 生长素对插枝生根的作用具有两重性。

（二）课堂实录

教学环节	课　堂　实　录	专业点评
创设单元情境，提出核心问题	**创设情境**　菜豆又称四季豆，是老百姓餐桌上的常见食物。有人用延时摄影技术，拍摄了一段菜豆从种子萌发到幼苗生长，再到开花结果的过程，向我们展示了一场美轮美奂的"生命之舞"。犹如菜豆一样，其他植物也是专业的"舞蹈家"。科学家对于"生命之舞"产生原因的研究也从未停止。 **核心问题**　菜豆为何会向光弯曲生长？	教师针对单元情境，提出核心问题，将情境中隐含的现实问题转变成学科问题，引发学生思考。
任务1：探究生长素的发现过程（一）	**教师介绍**　达尔文在旅行途中，观察到船舱中的植物有明显的向光性，于是达尔文父子于1880年前后开始了对植物向光性的研究。 **呈现资料**　单侧光下的小麦幼苗和无光照下的小麦幼苗（图5-3）。 单侧光　　　　　　　无光照 图5-3　不同光照条件下的小麦幼苗	教师引导学生从实验现象中发现新问题，尝试科学探究，理解实验设计中应该注意的问题：遵循对照原则、控制变量原则等。

续 表

教学环节	课 堂 实 录	专业点评
任务1：探究生长素的发现过程（一）	**引导** 我们可以明显地看到，幼苗在单侧光下弯向光源生长，黑暗情况下直立生长。这说明幼苗能够感受到单侧光的照射。那么幼苗的感光部位在哪呢？你觉得感光部位可能在哪？ **学生活动** 对幼苗感光部位做出猜想：可能在尖端，也可能在尖端下部。 **教师介绍** 当时的达尔文做出了下列四种假设： ① 只有尖端是感光部位； ② 只有尖端以下部位是感光部位； ③ 尖端和尖端以下部位都是感光部位； ④ 尖端和尖端以下部位共同组成感光部位。 **学生展示** 小组模拟达尔文所做的实验： 我们选取长势相同的小麦植株平均分成五组：甲组不做处理；乙组用剪刀剪去了尖端；丙组用不透明的锡纸作为遮光帽包住了尖端；丁组用透明的保鲜膜作为透明帽包住了尖端；戊组用不透明的锡纸包住了幼苗的基部。然后把它们放在单侧光下生长一天。我们发现甲、丁、戊组向光生长，乙组不生长，丙组直立生长。 **教师提问** ① 达尔文父子的实验包含了几组对照实验？ ② 这几组对照实验分别能得出什么结论？ ③ 达尔文父子的实验证明了幼苗的感光部位在哪？ **学生活动** 根据实验现象，仔细思考并回答问题。 **师生总结** 达尔文父子的实验证明幼苗感光部位在尖端。当时达尔文观察到了弯曲的部位在尖端下面，于是他做了一个大胆的推测，认为幼苗尖端会产生某种物质并往下运输，从而促进尖端下面部位的生长。	
任务2：探究生长素的发现过程（二）	**教师提问** 如何验证达尔文的推测？ **学生回答** 可以用允许化学物质通过或不允许化学物质通过的材料插入苗尖端和下部，观察幼苗的生长情况。 **教师介绍** 当时波森·詹森用云母片阻断了化学物质的运输，塑料片、玻璃片也都有同样的效果。至于允许化学物质通过的材料，波森·詹森用的是明胶，明胶就是吉利丁片。 **学生展示** 小组模拟波森·詹森所做的实验： 我们选取了长势相同的小麦幼苗平均分成两组。把明胶和云母剪成小方片，分别插入幼苗尖端。一天后观察，现象非常明显，插入明胶的幼苗向光弯曲，插入塑料片的幼苗不生长也不弯曲。 **教师提问** ① 根据实验结果你能得出什么结论？ ② 本实验若处于黑暗条件下，能否得到相同的实验结果？能否得到相同的实验结论？这个实验严谨吗？ **学生活动** 根据实验现象，小组讨论并回答问题。 **师生总结** 波森·詹森实验说明苗尖端确实会产生某种化学物质并向下传递，但是实验不严谨，没有排除明胶、云母的影响。	学生通过自主学习了解云母和明胶这两种材料，解决了本实验设计的难点，加深了对实验原则中控制变量原则的理解，进一步提升了实验设计能力。

续 表

教学环节	课 堂 实 录	专业点评
任务3：探究生长素的发现过程（三）	**教师提问** 那么我们可以在波森·詹森实验的基础上做哪些改进呢？ **学生回答** 直接把幼苗尖端放到顶端一侧后观察幼苗怎么生长。 **学生展示** 小组模拟拜尔所做的实验： 我们选取了6株长势相同的小麦幼苗平均分成2组，把苗尖端都切下，直接放在幼苗顶端切面的一侧，一个放在左侧，一个放在右侧，然后放在黑暗环境中。大约10 h后，发现幼苗向未放苗尖端的一侧弯曲生长了。 **教师提问** ① 幼苗为什么会向尖端对侧弯曲？ ② 根据实验结果你能得出什么结论？ ③ 这个实验在黑暗中进行有什么好处？ ④ 如何把这种化学物质分离出来？ **学生活动** 根据实验现象，小组讨论回答问题。 **引导** 拜尔实验说明苗尖端能产生促进生长的化学物质并向下运输。如果把这种物质分离出来研究就要用到介质转移法。 **学生展示** 小组模拟温特所做的实验： 我们选取长势相同的小麦幼苗平均分成5组，编号1、2、3、4、5。把幼苗的苗尖端切下来放在大约1 mm厚的琼脂块上放1 h，然后把琼脂切成小块，在第2组的切面顶端放上这种处理过的琼脂块，第3组作为对照，在顶端放上空白琼脂块。第4组左边3株幼苗顶端左侧放上处理过的琼脂块，右边3株幼苗顶端右侧放上处理过的琼脂块，第五组作为对照，也是一样的放法，只不过放的是空白琼脂块。第二天一早的现象：第1组幼苗没长高，第2组幼苗直立长高，第3组幼苗没长高，第4组幼苗都向放琼脂块的对侧弯曲了，第5组幼苗也没长高。 **教师提问** ① 温特实验包含几组对照？ ② 根据实验结果，你能得出什么结论？ ③ 根据实验结果推测，幼苗向光弯曲的原因是什么？ **学生活动** 根据实验现象，小组讨论回答问题。 **师生总结** 温特实验说明苗尖端中确实存在一种化学物质，可促进幼苗生长。并且可以推测这种物质的分布不均匀可能会引起植物生长不均匀，导致幼苗弯曲。	从问题出发尝试改进波森·詹森的实验，学生从不同的角度思考问题，感受执着、严谨的科学精神和科学进步发展的灵魂。
任务4：分析植物向光性的原因	**呈现资料** 温特实验中提到的化学物质后来被命名为生长素，生长素是第一个被发现的植物激素。1934年，荷兰科学家郭葛分离纯化了生长素——吲哚乙酸（简称"IAA"），IAA由色氨酸经一系列反应后合成。植物中还存在其他具有生长素效应的化合物，如吲哚丁酸（简称"IBA"）、苯乙酸（简称"PAA"）等。其中IAA是植物体内最主要的生长素。 **教师小结** 科学家们历经54年的努力才证实了植物幼苗尖端能感光，且能产生某种物质并运输到苗尖端下面，促进尖端以下部位生长。我们要像这些科学家一样积极探索，努力学习、掌握严密的逻辑思维方法。	

续　表

教学环节	课　堂　实　录	专业点评
任务4：分析植物向光性的原因	呈现资料　生长素能促进植物生长，是因为它能促进细胞分裂还是细胞长大呢？有人将幼苗尖端下部的茎纵切，放在显微镜下观察，结果发现背光侧的细胞长得更长。这说明在细胞水平上，生长素的作用主要是促进细胞伸长；而从器官水平上看，生长素可促进茎伸长、促进果实生长、促进种子发芽、防止落花落果等。 教师提问　那么植物的哪些部位会合成生长素？生长素一般分布在哪些部位？ 师生活动　学生阅读教科书后回答。师生共同总结得出：生长素产生的部位主要是顶芽、幼叶、胚。生长素大多集中在生长旺盛的部位，如胚芽鞘、芽和根尖端的分生组织、形成层、受精后的子房、幼嫩的种子等，而在趋向衰老的组织和器官中含量很少。 教师提问　你能根据所学内容解释植物为什么向光生长了吗？ 学生回答　幼苗尖端会产生生长素并向下运输，单侧光可能会引起生长素分布不均匀，使背光侧的生长素比向光侧的多，生长素多的一侧细胞伸长快，从而导致植物出现向光生长的现象。	教师引导学生重视教科书中的内容，学生通过阅读教科书，得出结论，加深印象。
任务5：探究单侧光使生长素分布不均的原因	教师提问　植物背光侧的生长素浓度真的比向光侧的高吗？为什么会这样分布不均呢？怎么证明？让我们先来解决第一个问题，请大家讨论后，把实验思路写下来。 学生活动　讨论并回答问题。小组代表展示实验步骤： ① 将苗尖端切下，置于2块分隔开的琼脂块 A、B 上（图 5-4）。 ② 将这个装置放在单侧光下一段时间。 ③ 再把这两个琼脂块分别放在长势相同的去顶幼苗上一天，观察、测量幼苗的高度差并记录数据，比较分析数据。 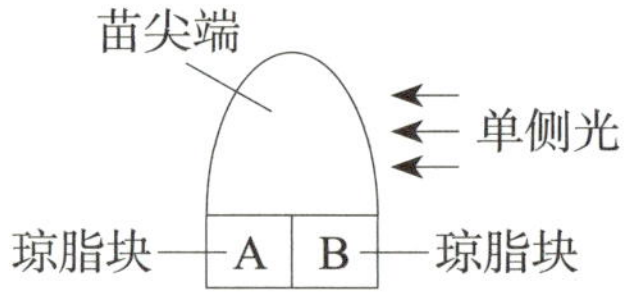 图 5-4　探究苗尖端背光侧和向光侧生长素浓度大小模式图 教师提问　这个实验设计得怎么样？有不同意见吗？ 学生回答　我觉得只用了一个苗尖端，可能存在偶然性，应该多做几个。我还有一种方法：把这两个琼脂块分别放在去顶幼苗的一侧，一段时间后分别测量它们弯曲的角度，弯曲角度大就说明生长素含量高。 教师总结　随着科技发展，我们现在已经有了更好的检测技术，我们可以用液相色谱法定量检测生长素含量。先按照大家的实验思路进行处理，然后用液相色谱法分别检测两个琼脂块中的生长素含量，发现浓度为 A＞B，这就说明植物背光侧生长素浓度确实比向光侧的高。为什么植物背光侧的生长素浓度比向光侧的高？大家有哪些假设呢？	学生尝试设计实验以进一步理解实验设计的一般原则；通过分析实验现象得出结论，逐渐发展了科学探究能力。

续 表

教学环节	课 堂 实 录	专业点评
任务5：探究单侧光使生长素分布不均的原因	**学生回答** 单侧光可能抑制了向光侧生长素的合成；单侧光可能促进背光侧生长素的合成；单侧光可能促进生长素从向光侧转移到背光侧。 **呈现资料** 科学家用苗尖端和薄玻璃片探究苗尖端向光侧和背光侧生长素浓度，实验结果如图5-5所示。 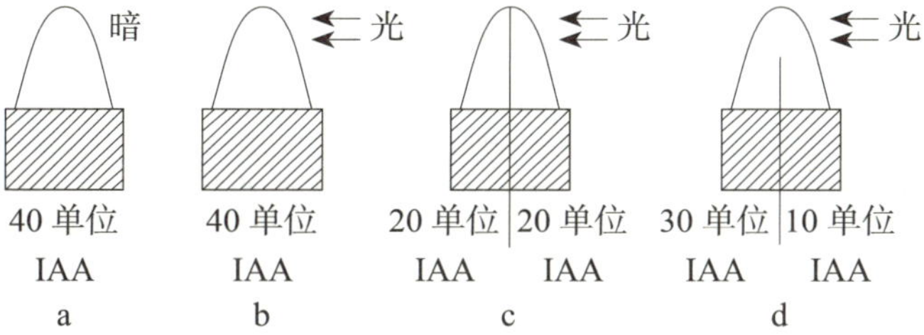 图 5-5 探究苗尖端向光侧和背光侧生长素浓度的大小 **学生活动** 根据实验结果，小组讨论下列问题： ①a和b比较说明了什么？ ②c和d比较说明了什么？ ③通过上述实验可以得出什么结论？ **教师提问** 能尝试画出生长素在幼苗尖端的运输路径吗？ **学生活动** 画出生长素在幼苗尖端的运输路径（图5-6）并展示。 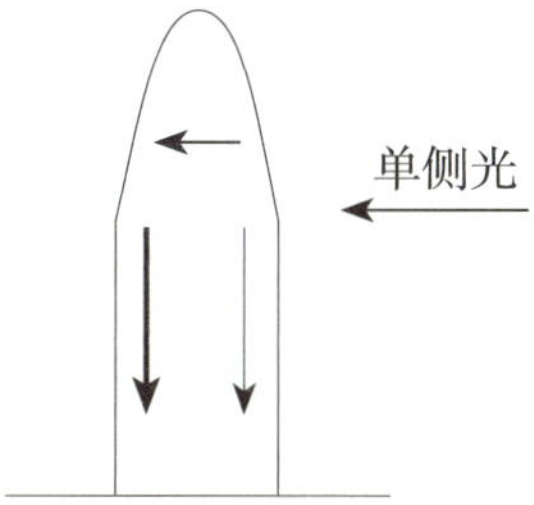 图 5-6 生长素在幼苗尖端的运输路径 **师生总结** 在单侧光照射下，苗尖端产生的生长素通过横向运输转移到背光侧，然后通过纵向运输转移到苗尖端下部。生长素多的一侧细胞生长快，体积大，于是出现幼苗向光弯曲的现象。 **教师介绍** 这里我们提到了生长素的横向运输和纵向运输。横向运输是一种主动转运方式，而纵向运输其实可以分为两类，一类是非极性运输，可以通过自由扩散在韧皮部运输，还可以通过蒸腾作用在木质部运输；另一类是极性运输，是指生长素只能从植物体的形态学上端向形态学下端运输，而与重力无关。植物形态学上端是指植物生长方向的一端，比如地上部分的茎尖、地下部分的根尖，植物形态学下端是指生长缓慢、不延伸或者延伸很少的一端，比如地上部分茎尖下部、地下部分根尖下部。极性运输是主动转运。	学生通过画出生长素的运输路径，建构了生长素促进生长这一概念。

教学环节	课 堂 实 录	专业点评
任务6：探究不同浓度生长素类似物对植物生根的影响	**教师陈述**　我们已经知道生长素有促进生长的作用。那么对植物来说，是不是生长素越多，长得就越快呢？ **学生展示**　小组模拟教科书中探究2,4-D对插枝生根的作用所做的实验： 我们用的试剂是2,4-D，它是生长素类似物。实验材料选用富贵竹，因为它本身比较容易生根，所以实验效果会比较好。教科书中介绍说2,4-D浓度为 10^{-10} mol/L 时对枝条的生根效果最好。于是我们配置了这一系列浓度梯度的2,4-D溶液，用清水作对照，把长势差不多、长度差不多的枝条放入这些烧杯中，每个烧杯里放三枝，每一枝都带4～5个节。然后我们把它们放在教室里，每天观察这些枝条，还用尺子量出根的总长度并记录下来。一个月后，10^{-10} mol/L 的2,4-D促进枝条生根效果最好，在 10^{-4} mol/L 的2,4-D浓度中，枝条完全没有生根，比清水的效果差。 **教师提问** ① 该实验的自变量是什么？因变量是什么？ ② 若将枝条倒转，将形态学上端插入溶液中，对实验结果是否会有影响？ ③ 通过上述实验可得出什么结论？ **学生活动**　根据实验结果，小组讨论回答问题。 **师生总结**　生长素调节植物生长时会表现出低浓度促进生长，高浓度抑制生长的现象，也就是说生长素调节植物生长时会表现出两重性。 **教师提问**　根据生长素对根生长的作用特点，可以画出这样一条曲线（图5-7），请解释曲线的含义。 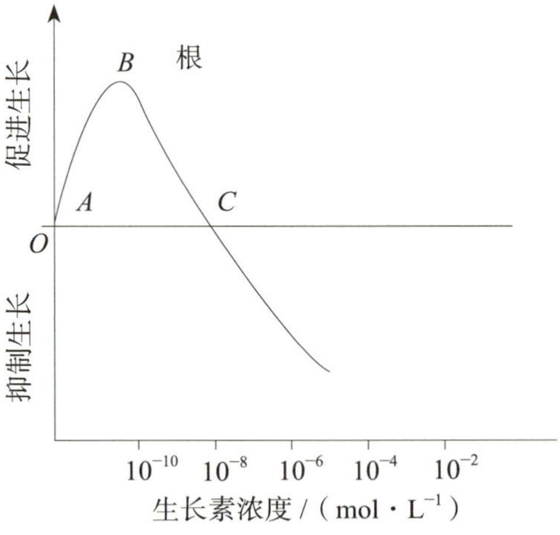 图5-7　生长素对根生长的作用特点	小组合作设计实验步骤并开展探究实验，可以提升学生的动手能力、合作能力，进一步发展了科学思维。

教学环节	课 堂 实 录	专业点评
任务6：探究不同浓度生长素类似物对植物生根的影响	**学生活动** 说明图中的线段和点分别代表的含义：曲线 AB 段表示生长素随浓度升高，对根生长的促进作用加强；B 点表示生长素促进根生长的最适浓度；BC 段表示生长素随浓度增加，对根的生长促进作用减弱。C 点以后表示生长素随浓度的增加，对根的生长抑制作用增强。 **教师提问** 生长素对茎、芽生长的影响和对根的类似，也具有两重性。根据图示（图 5-8）分析根、茎、芽对生长素浓度的敏感度分别是怎样的。 图 5-8　生长素浓度对植物根、茎、芽生长的影响 **学生活动** 根据图中曲线，思考后回答问题。	对生长素曲线的数学模型分析可以让学生进一步理解"生长素调节植物生长时表现出两重性"这个概念。
任务7：利用生长素作用具有两重性解释生活中的现象	**教师提问** 你能解释生活中植物顶端优势、根的向地性、茎的背地性这些现象吗？ **学生活动** 小组讨论并回答：植物顶芽产生的生长素会通过极性运输到下面，使侧芽位置积累高浓度的生长素，所以顶芽一直往上长，侧芽不太会长，树就变成了宝塔形，这就是顶端优势。生长素可能因为重力作用在根的近地侧积累，而根对生长素浓度很敏感，导致近地侧细胞生长受抑制，远地测生长素浓度低，促进生长，于是出现了根向地生长的现象。生长素可能因为重力作用在茎的近地侧积累，而茎对生长素浓度不那么敏感，近地侧生长素浓度对茎生长的促进作用比远地侧要强，于是茎就往上长了，这就是茎的背地性。 **课堂小结** 我们生活中充满了和生长素有关的现象，学习这些知识对我们的生活有很大的帮助。那么植物中还有其他植物激素在起作用吗？我们下节课再探讨学习。	用所学知识解释生活现象可以反映学生对知识的掌握程度，提高他们的语言表达能力。

（三）教学反思

本课时的亮点主要体现在三个方面：一是利用科学史实，生动展现知识。本课时将教学主线设置在生长素的发现史上，我引导学生沿着科学研究之路，层层递进，最后以照片的形式分享实验结果，这种生动的展示方式取得了良好的成效。二是开展小组合作学习，促进思维发展。本课时利用项目化学习方式，让学生经历了从组队到设计实验步骤，再到实验操作、整理结果的过程。学生在自主设计实验的过程中学会了查找科学资料的方法，增强了逻辑思维能力，提升了小组协作能力，也在很大程度上促进了科学思维、科学探究能力的发展。纸上得来终觉浅，绝知此事要躬行。学生自己想尽办法获取的知识将成为他们终生难忘的知识。三是通过问题引领探究，建构主要概念。本课时以问题解决为主线，学生自主建构，解决了内容繁杂、难以记忆的问题，实现了概念的意义建构，并在这个过程中发展了生物学学科核心素养。

本课时存在的不足之处：一是小组合作开展的实验难度较大，需要我在实验开展前做些铺垫；二是本课时的实际学习时间远远超过了正常课堂时间。由于材料、时间的限制，每个小组只做了一个实验，学生只切身感受了科学家对生长素的研究中的一部分。如果能让每个学生都感受生长素的研究历程，那学生对知识的理解将更加透彻。

（四）总体评析

本课时通过提出问题、探究问题、建构概念和解决问题这几个环节引导学生学习生长素的发现过程及其作用特点，学生通过实验探究和小组讨论了解了菜豆向光生长的原因，并能运用知识解释生活中的现象。本课时的教学设计和课堂实施表现出以下特点：

1. 基于单元情境，以问题引领教学。

"菜豆的生命之舞"既是单元情境也是本课时的情境，学生围绕"植物为什么会向光生长"这一问题开展自主研究，每一个小组在探究的过程中都遇到了新的问题，全班讨论并共同解决。教师用"幼苗的感光部位在哪""植物尖端是否有物质向下传递""如何排除明胶、云母的影响"，以及"如何把这种化学物质分离出来"这几个问题将各个小组的实验探究联系在一起，不仅再现了植物生长素的发现历程，也给了学生更多的实践、思考与表达的时间。

2. 通过探究、讨论，建构重要概念。

教师抛出"植物背光侧生长素真的比向光侧多""为什么植物背光侧生长素比向光侧多"这两个问题，引导学生自主讨论实验方案，从实验结果中得出结论，再帮助学生了解生长素的运输方式。学生探究 2,4-D 对插枝生根的作用，从中引发出许多问题，理解了生长素作用具有两重性这个难点，建构了"科学家经过不断的探索，发现了植物生长素,并揭示了它在调节植物生长时表现出两重性,既能促进生长,也能抑制生长"这个重要概念。最后教师让学生运用概念解释生活中的现象,既起到了巩固概念的作用,又发展了学生的生命观念核心素养。

3. 改进建议。

本课时对学生的学习要求比较高,表现在实验操作较难,思维要求较高上。本课时的顺利进行离不开学生的学习基础和学习能力,所以教师上课时多做铺垫是很有必要的。另外,教师对学生实验的评价不够到位。如果能够增加一张对实验操作的形成性评价量表,让学生在实验评价、反思中改进实验操作,效果会比较好。

（本课时由浙江省定海第一中学俞碧璐老师设计和执教）

课时3 不同植物激素可共同实现对植物生命活动的调节

课堂实录

（一）课时概念解析

本课时的概念为"植物激素对植物生命活动具有调节作用,不同植物激素可通过协同、拮抗等方式共同实现对植物生命活动的调节",该概念的建构需要以下基本概念或证据的支持:

1. 生长素、细胞分裂素、赤霉素、脱落酸和乙烯等植物激素调节植物的生命活动。
2. 植物激素之间具有协同或拮抗作用。
3. 各类植物激素共同调节植物各项生命活动。

（二）课堂实录

教学环节	课 堂 实 录	专业点评
创设情境,提出核心问题	呈现情境　菜豆"炫舞"的一生包括发芽期、幼苗期、伸蔓期、开花结荚期。开花结荚期是菜豆一生的高潮,也是它的归宿,更是下一次新生的起点。 呈现资料　开花和结荚同时进行,存在养分竞争,它们对不良环境敏感。开花后5~10天,嫩荚明显增长;开花后15~20天,嫩荚长到最大值;开花后25~30天,种子完成发育。菜豆豆荚发育过程中内源激素含量的变化如表5-1所示。	教师在单元情境下创设菜豆豆荚(果实)发育过程中内源激素含量变化的课时情境,为后续内容的学习提供了聚焦场景。

续　表

教学环节	课　堂　实　录	专业点评
创设情境，提出核心问题	表5-1　菜豆豆荚发育过程中内源激素含量的变化 | 开花后天数/d	乙烯释放速率/(mg·kg^{-1}·h^{-1})	脱落酸/(μg·g^{-1}FW)	赤霉素/(μg·g^{-1}FW)	细胞分裂素/(μg·g^{-1}FW)	生长素/(μg·g^{-1}FW)
---	---	---	---	---	---
5	86.22 ± 1.18	0.15 ± 0.00	1.42 ± 0.06	52.93 ± 1.39	0.09 ± 0.00
10	19.77 ± 0.41	0.12 ± 0.00	0.47 ± 0.02	7.15 ± 1.39	0.08 ± 0.00
15	16.97 ± 0.24	0.13 ± 0.00	0.30 ± 0.02	6.34 ± 0.26	0.88 ± 0.00
20	21.36 ± 0.82	0.11 ± 0.00	0.14 ± 0.01	0.51 ± 0.04	0.11 ± 0.00 | 核心问题　菜豆豆荚（果实）发育涉及哪些植物激素？不同植物激素的含量发生了怎样的动态变化？不同植物激素变化不同的原因是什么？	
任务1：探讨不同植物激素的本质、作用	呈现资料 资料1：1926年，科学家发现水稻感染了赤霉菌后，会出现恶苗病（植株疯狂徒长）。科学家将赤霉菌培养基的滤液喷施到健康水稻幼苗上，发现这些幼苗虽然没有感染赤霉菌，却出现了恶苗病的症状。 资料2：1938年，科学家从赤霉菌培养基的过滤液中分离获得了非纯结晶的赤霉素。1954年，英国科学家获得了化学纯产品，并阐明了赤霉素的结构。 学生活动　推论恶苗病产生的原因。 引导　如何证明推论的合理性？研究结果能证明什么？能证明赤霉素是一种新的植物激素吗？ 呈现资料 资料1：1958年，科学家从高等植物多花菜豆的种子中分离得到了赤霉素。 资料2：1948年，斯库格和崔瀓等发现，在一定条件下腺嘌呤能刺激烟草髓培养组织发生细胞分裂。 引导　能促进细胞分裂的植物激素可能与腺嘌呤的化学结构有怎样的联系？ 呈现资料 资料1：1955年，米勒和斯库格等发现经高压灭菌处理的鲱鱼精细胞DNA能诱导烟草髓组织的细胞分裂。他们分离出了这种活性物质，并命名为激动素。 资料2：腺嘌呤和激动素的结构式。 引导　激动素的结构式能说明什么？能证明激动素是一种新的植物激素吗？ 学生活动　根据资料思考后回答问题。	教师基于科学史培养学生交流与讨论的能力。许多科学史素材蕴含了科学研究的方法，教师应加以开发，引导学生像科学家一样思考。

教学环节	课 堂 实 录	专业点评
任务1：探讨不同植物激素的本质、作用	呈现资料 资料1：1963年，科学家从甜玉米未成熟的种子中分离到了一种类似激动素的促进细胞分裂的物质，命名为玉米素。 资料2：1965年，斯库格等提议将来源于植物且生理活性类似激动素的化合物统称为细胞分裂素。 资料3：激动素和玉米素的结构式，细胞分裂素的结构式。 学生活动　根据资料分析三者的结构特点。 呈现资料　1963年，科学家提纯、结晶出一种促进棉花果实脱落的物质，称为脱落素Ⅱ。几乎同时，英国的科学家用桦树作为材料发现了一种促进芽休眠的物质，称为休眠素。 引导　脱落素Ⅱ、休眠素可能是同一种物质，该如何证明？ 学生活动　根据资料讨论、分析问题，提出证明方案。 呈现资料 资料1：1965年，科学家从干槭树叶中得到了休眠素纯结晶，通过与脱落素Ⅱ的相对分子质量、红外光谱和熔点等的比较鉴定，确定休眠素和脱落素Ⅱ是同一物质。1967年，在第六届国际生长物质会议上，明确把这种物质统一称为脱落酸。 资料2：1864年有报道称，燃气街灯漏气会促进附近的树落叶。 引导　落叶现象是脱落酸引起的吗？ 学生活动　思考后回答问题。 呈现资料 资料1：1901年，俄国植物学家首先证实是照明气中的乙烯在起作用。 资料2：1959年，随着气相色谱的应用深化，科学家测出了未成熟果实中有极少量的乙烯产生，并且随着果实的成熟，产生的乙烯量不断增加。 引导　乙烯具有什么生理效应？ 学生活动　根据资料总结乙烯的作用。 师生总结　列表总结各种植物激素的生理效应（表5-2）。	对细胞分裂素结构通式的分析有助于学生树立结构与功能相适应的生命观念。学生通过思考植物在长期进化过程中为了适应环境而形成的多种多样的生存策略，发展了进化与适应观。

表5-2　各种植物激素的生理效应

植物激素	主要生理效应	
生长素	促进植物生长	促进细胞伸长，促进茎的伸长、果实生长、种子发芽，促进生根，防止落叶落花落果
赤霉素		促进细胞分裂、伸长，促进茎的伸长、种子萌发、叶片扩大、果实生长，解除休眠，抑制衰老
细胞分裂素		促进细胞分裂，促进植株向上生长，促进侧芽、果实生长，促进种子萌发，延缓叶片衰老

续表

教学环节	课 堂 实 录	专业点评
任务1：探讨不同植物激素的本质、作用	续表 | 植物激素		主要生理效应
脱落酸	抑制生长	抑制生长，促进叶片和果实的衰老和脱落，保持多种器官的休眠，提高抗逆性（干旱环境下会引起气孔关闭，从而削弱蒸腾作用）
乙烯		促进果实成熟、加快逆境中受影响叶片或者果实的脱落 | 引导　抑制生长类的激素在植物一生中的意义是什么？ 师生总结　植物在长期进化过程中为了适应环境而形成了多种多样的生存策略。	
任务2：运用知识解决实际问题	呈现资料 资料1：在自然界中存在这样一种现象：玉米在即将成熟时，如果持续经历一段时间的干热之后又遇大雨，种子就容易在穗上发芽。（提示：研究表明，脱落酸在高温条件下容易降解） 资料2：若玉米穗发芽则会降低种粒品质，影响下一季玉米的播种质量，给种植户们带来经济损失。对此，请你给种植户一些可行性建议。 学生活动　对以上现象进行解释：持续干热使种子中的脱落酸降解，解除了它对种子的休眠作用，大雨天气给种子提供了萌发所需要的水分。对于收获的玉米穗，要低温保存并注意环境湿度。 教师总结　同学们解释得很好，给种植户的建议可以参考以下几点： ①选择适当晚熟的玉米品种进行种植，最好赶在天气变冷的时候玉米也刚好成熟。 ②收获的玉米穗要堆放于阴凉干燥处，下雨天用塑料布遮盖，并且保证通风。 ③关注玉米成熟度，及时采收。	利用所学知识分析和解决实际问题可以帮助学生深层次理解和迁移应用知识，提升了社会责任感。
任务3：探究植物激素之间的相互作用	引导　各种植物激素在调节植物生命活动时，是孤立地发挥作用吗？ 师生总结　植物的任何一种生理反应都不是单一激素在作用，而是各种激素的共同作用，有些激素表现为协同作用，有些激素表现为拮抗作用。 教师提问　根据所学内容以及不同植物激素间的关系（图5-9），举例说明植物生理过程中具有协同作用或拮抗作用的激素。	由点及面，教师引导学生全方位了解了各种激素在植物生理过程中的相互关系。

续表

教学环节	课 堂 实 录	专业点评
任务3：探究植物激素之间的相互作用	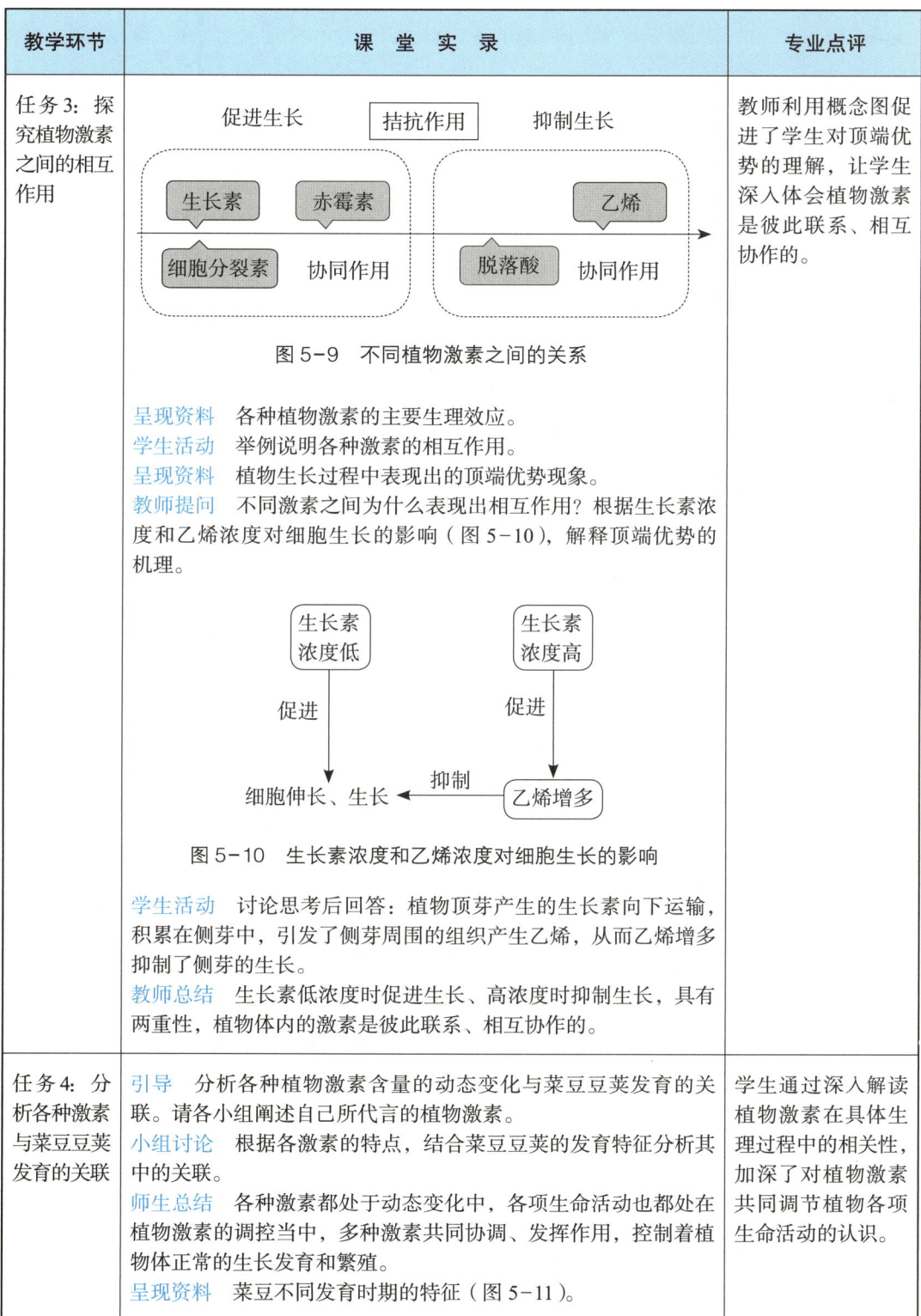

图 5-9　不同植物激素之间的关系

呈现资料　各种植物激素的主要生理效应。
学生活动　举例说明各种激素的相互作用。
呈现资料　植物生长过程中表现出的顶端优势现象。
教师提问　不同激素之间为什么表现出相互作用？根据生长素浓度和乙烯浓度对细胞生长的影响（图 5-10），解释顶端优势的机理。

图 5-10　生长素浓度和乙烯浓度对细胞生长的影响

学生活动　讨论思考后回答：植物顶芽产生的生长素向下运输，积累在侧芽中，引发了侧芽周围的组织产生乙烯，从而乙烯增多抑制了侧芽的生长。
教师总结　生长素低浓度时促进生长、高浓度时抑制生长，具有两重性，植物体内的激素是彼此联系、相互协作的。 | 教师利用概念图促进了学生对顶端优势的理解，让学生深入体会植物激素是彼此联系、相互协作的。 |
| 任务4：分析各种激素与菜豆豆荚发育的关联 | 引导　分析各种植物激素含量的动态变化与菜豆豆荚发育的关联。请各小组阐述自己所代言的植物激素。
小组讨论　根据各激素的特点，结合菜豆豆荚的发育特征分析其中的关联。
师生总结　各种激素都处于动态变化中，各项生命活动也都处在植物激素的调控当中，多种激素共同协调、发挥作用，控制着植物体正常的生长发育和繁殖。
呈现资料　菜豆不同发育时期的特征（图 5-11）。 | 学生通过深入解读植物激素在具体生理过程中的相关性，加深了对植物激素共同调节植物各项生命活动的认识。 |

续　表

教学环节	课　堂　实　录	专业点评
任务4：分析各种激素与菜豆豆荚发育的关联	种子吸水膨胀，快速萌芽出土，胚根逐渐伸长，主根上发生侧根　　　地下器官生长极其旺盛，根系发展迅速；地上部茎蔓的节间伸长，叶数增加；其间，茎叶生长旺盛；主蔓缠绕支架向上生长 发芽期　→　幼苗期　→　伸蔓期　→　开花结荚期 以幼苗的健壮生长发育为主，同时开始花芽分化 图 5-11　菜豆不同发育时期的特征 **评价任务**　你们所代言的植物激素发挥生理效应相对活跃的时期是什么时候？	

（三）教学反思

本课时的亮点主要体现在三个方面：一是在单元情境下创设了菜豆豆荚（果实）发育过程中内源激素含量变化的课时情境，一境到底，引领学生学习各种植物激素的作用、相互关系及其对植物生命活动的调控。我通过减少信息转化频率，把更多的时间用于深入探讨各种激素与植物生长过程的相关性。二是每个小组代言一种植物激素，我通过论证式教学引领学生了解植物激素的生理效应。与此同时，学生通过观察物质结构式来理解结构与功能的关系，树立了结构与功能相适应的生命观念；通过认识生长抑制类激素在植物体生长发育和繁殖过程中的意义，内化知识并思考植物在长期进化过程中为了适应环境而形成的多种多样生存策略，树立了进化与适应观。三是通过解决玉米穗发芽的现实问题，让学生对本节知识有了更深层次的理解，提高了运用生物学知识解决实际问题的能力，落实了社会责任核心素养的发展。

本课时存在的不足之处：一是因为借班上课，我与学生的默契度不高，学生进入我预设的课堂相对较慢。为了课堂的完整性，我在教学过程中给予学生思考、分析的时间不够充分，这在一定程度上限制了学生思维的深度和探究的热情。二是课堂环节的紧密度和动态生成还不足，学生获得知识的方式比较单一，本课时中呈现的资料也是以科学史为主，这些都容易使学生出现思维疲劳。三是对各种激素生理效应的学习更侧重于植物激素在菜豆豆荚发育过程中的生理效应，而对植物激素在其他生命活动中的具体作用涉及较少。

（四）总体评析

本课时采用菜豆豆荚（果实）发育过程作为次位概念的推进明主线，以论证式教学模式推动核心素养的培养为暗主线，一明一暗，相互交融。总而言之，以科学史实为基石，学生在进阶式任务的引导下完成次位概念的建构与核心素养的发展。本课时的教学设计和课堂实施表现出以下特点：

1. 基于单元情境，确定次位概念的学习起点。

教师通过菜豆豆荚发育过程中内源激素含量的变化数据引出主要植物激素的学习。教师基于单元情境，提出核心任务，再依次进阶引导学生完成以下任务：解释所代言植物激素发现史中的疑惑；在豆荚发育过程中，所代言植物激素的含量变化，分析其动态变化的缘由；汇总所代言植物激素的合成或分布的主要部位以及主要的生理效应；结合菜豆一生各阶段的生长特点，科学推测每个时期相关的主要激素。教师通过这一系列任务的解决，引导学生开启次位概念的学习。

2. 基于论证式教学，落实次位概念的建构。

教师在开展植物激素作用教学时采用了论证式教学，将核心概念整理成一个个问题，以问题引导思维，激发学生联系已有知识进行了抽丝剥茧式的分析，并提出了合理的猜想，在同学和老师的帮助下得出结论，建构次位概念。

3. 基于生产实践，深化对次位概念的理解。

探究自然界玉米穗上发芽的事实可以触发学生对自然现象的好奇心和求知欲，还能让学生迁移应用所学知识，使得生物教学不再是"纸上谈兵"。此外，学生通过对实际问题的解决，使建构的次位概念变得更具体、形象、有说服力，使原本肤浅的认知得到了无形的深化。

4. 改进建议。

植物激素相关内容微观、抽象，学生在学习上有一定的难度。教师提供了菜豆豆荚发育过程中内源激素含量的变化数据，并要求学生对此进行数据分析与转化，这在无形中增大了学习的难度。建议教师提前对数据进行处理，如将数据转换成曲线图，使得数据变化更加直观，让学生有更充足的时间去分析数据背后的生理效应。

（本课时由浙江省岱山中学张海楠、柴君波老师设计，由柴君波老师执教）

课时 4 植物激素及其类似物在生产上得到了广泛的应用

（一）课时概念解析

本课时的概念为"生长素、细胞分裂素、赤霉素、脱落酸和乙烯等植物激素及其类似物在生产上得到了广泛应用"，该概念的建构需要以下基本概念或证据的支持：

1. 各种植物激素及其类似物在生产上具有广泛的应用。
2. 乙烯利对水果具有催熟作用。
3. 植物生长调节剂的使用引发了社会讨论。

（二）课堂实录

教学环节	课 堂 实 录	专业点评
关联单元情境，提出核心问题	**教师陈述** 植物的发芽、生根、生长、器官分化、开花、结果、成熟、脱落和休眠等，均受到了植物激素的调节和控制。那么除了生长素、细胞分裂素、赤霉素、脱落酸、乙烯五大类植物激素，人们又发现了油菜素内酯、多胺、茉莉酸、水杨酸等其他天然植物激素。随着植物激素的生理作用不断被揭示，人们开始致力于将植物激素应用于农业生产。如何实现果蔬的丰产增收？我们通过农业生产案例，一起来解读果农、菜农的实践智慧。 **核心问题** 如何在农业生产中合理运用植物生长调节剂？	教师以单元情境中菜豆的实践生产为抓手，引出植物生长调节剂的概念，由熟悉到陌生，由理论到实践，符合学生的认知规律和思维习惯。
任务 1：讨论生长素类植物生长调节剂的应用	**呈现资料** 资料 1：菜豆花蕾多，但成荚率低，一般不到蕾数的 30%，落花落荚成为限制产量的重要原因。常通过合理安排栽培季节、施足施全肥料、合理密植、激素处理等措施来防止落花落荚，实现丰产。 资料 2：萘乙酸属植物生长调节剂，它有着内源生长素吲哚乙酸的作用特点和生理功能，如促进细胞分裂和扩大、诱导形成不定根、增加坐果、防止落果等，萘乙酸可经由叶片、树枝的嫩表皮等进入植株体内，随营养流输导到起作用的部位。 **教师提问** 萘乙酸的有效成分是什么？为什么不直接用生长素来配制呢？ **学生回答** 萘乙酸的有效成分是生长素。植物激素含量低、提取难度大、成本高。 **教师总结** 植物激素是内源激素，含量低且在体外性质不稳定，所以在应用中面临难以提取、不易保存或者成本过高等问题，于是植物生长调节剂便应运而生。它是人们在了解天然植物激素的结构和作用机制后，由人工合成、筛选的，并且化学结构和生理特性与植物激素相似的活性物质。	将无籽果实的培育迁移到菜豆的实际生产应用，可以让学生完成知识和能力的双向迁移。

续表

教学环节	课 堂 实 录	专业点评
任务1：讨论生长素类植物生长调节剂的应用	**呈现资料** 常用的生长素类植物生长调节剂有 2,4-D、NAA、IBA 等，它们可以促进生长、防止落花落果、促进扦插枝条生根、诱导形成无籽果实等。 **教师提问** 若菜豆开花期间遇到连续的阴雨天，传粉受精会大受影响。若菜农对菜豆喷洒一定浓度的生长素类植物生长调节剂，则能避免减产吗？ **学生回答** 学生1：能，使用生长调节剂可以促进果实生成，避免减产。 学生2：不能，菜豆主要食用部分是种子，不是豆荚，通过这种方法得到的是无籽豆荚。 **教师总结** 以种子（如油菜、向日葵）为农产品的作物不能通过在花期喷施一定浓度的生长素似物达到增产的目的。 **呈现资料** 常用生长素类植物生长调节剂有 2,4-D、NAA、IBA 等，高浓度的生长素似物还可被用作除草剂，如 2,4-D。种豆南山下，草盛豆苗稀。晨兴理荒秽，戴月荷锄归。 **教师提问** 能否对菜豆田间喷施较高浓度的 2,4-D 以帮助菜农除草？ **学生回答** 2,4-D 可以作为除草剂，但是菜豆属于双子叶植物，所以不能用高浓度的 2,4-D 除去菜豆田间的杂草。 **呈现资料** 菜农在菜豆植株主茎高达 30～40 cm 时搭架，架高 2 m 以上，在株高 50 cm 左右时摘除枝头。多次摘除新生枝头可使植株长成矮灌丛状，降低高度。 **教师提问** 摘除新生枝头可形成矮灌丛状的原理是什么？ **学生回答** 去除顶端优势。 **呈现资料** 资料1：矮化植物，培育壮苗，增强植物抗倒伏的能力，可使用赤霉素的拮抗剂——矮壮素。 资料2：为提高菜豆种子萌发速率和提高发芽率，使苗齐、苗壮，一般可用赤霉素 200～300 mg/L 浸种 6 h。 资料3：连续多年种植的甘蔗地，易发生甘蔗节间缩短，品质下降，最终减产。据杭州市余杭区、萧山区对甘蔗喷施赤霉素的实验，使用赤霉素后的甘蔗可食茎秆增高 10～15 cm，增产 15%～20%。经测定，甘蔗含糖量比对照组增加 5% 左右。 **引导** 尝试推测赤霉素具体作用的机理。 **学生回答** 赤霉素促进茎伸长，加速甘蔗茎秆生长，促进细胞分裂，促进蔗叶增大，提高光合作用效率，同时增糖效果显著。	教师从菜豆的生产实际入手，让学生有身临其境之感，让原本枯燥的理论知识变得更加生动、亲切，有利于学生对知识的掌握和内化。
任务2：探究乙烯利对水果的催熟作用	**呈现资料** 资料1：细胞分裂素具有促进花芽分化，快速激活休眠，促进侧芽生长，促进生根、早熟、绿叶、壮叶、保花、保果的作用。某产品说明书上指出细胞分裂素的使用方法为一瓶兑水 400～600 kg。 资料2：脱落酸具有生根壮苗、膨果增产、保花保果、增甜着色、抗盐抗寒、抗病虫害的作用，可用喷施、滴灌或冲施的方式处理作物。	

教学环节	课　堂　实　录	专业点评
任务2：探究乙烯利对水果的催熟作用	乙烯利具有增加坐果、防止落果、增产增收、催熟多种水果的作用，使用方法为喷施。 **教师活动**　利用相关说明书引导学生从使用方式、效果、施用对象、剂量等角度来解读细胞分裂素和脱落酸的作用。 **呈现资料**　乙烯利是一种能抑制生长的植物生长调节剂。在pH＞4.1时，乙烯利会分解释放乙烯，还可以诱导水果自身产生乙烯，加速水果成熟。 **教师陈述**　植物生长调节剂在我国应用广泛，已取得各方面的成果。请同学们思考如何开展活动"探究乙烯利对水果的催熟作用"。 **学生活动**　基于教科书资料，结合已有知识构建初步的活动思路。兴趣小组代表从实验设计的思路、具体操作、实验结果的分析和反思等几个角度进行汇报、展示，其他小组从汇报语言、实验设计的角度进行评价。	兴趣小组的活动汇报可以为学生提供最原始的精神激励，培养学生自主查阅资料、获取知识和处理信息的能力，让学生体会实验在生物学研究中的作用，从而进一步发展了科学探究能力。
任务3：探讨植物生长调节剂在使用中的问题	**教师提问**　你们如何处理乙烯利催熟后的水果？ **学生讨论** 学生1：享受劳动成果。 学生2：不能吃，有害健康。 **资料呈现**　网上流言：乙烯利催熟的蔬果会导致小孩性早熟。该消息称：目前对乙烯利的使用没有进行限量，因此，滥用乙烯利等催熟剂的现象很普遍。果农用乙烯利将青香蕉等蔬果催熟，儿童吃后会性早熟。 **教师提问**　乙烯利会使儿童性早熟，这是真的吗？同学们从乙烯利作用机理、乙烯作用方式及国家对生长调节剂的管理方面判断这个流言的真实性。 **学生回答** 学生1：植物激素乙烯只能作用于植物，我们是哺乳动物，所以流言不是真的。 学生2：乙烯和动物激素性激素化学本质不同，不是同一种物质，因此不是真的。 **教师总结**　乙烯利分解产生乙烯并诱导果实自身产生乙烯气体，加速成熟。乙烯的催熟过程是一个复杂的植物生理生化反应，不是化学作用过程，不产生毒害物质。而且动物细胞的质膜上并没有乙烯利的受体，所以它并不能调节人体的生长发育。但是过量的植物生长调节剂确实会因其化学毒性危害人体健康。为此我国将植物生长调节剂纳入农药的管理范畴，对其残留量有严格的限定标准。 **呈现资料**　受到乙烯利催熟事件的影响，全国各地香蕉价格急剧下滑，广东省各香蕉产地的收购价从之前最高1.9元/kg跌至0.1～0.15元/kg，远低于生产成本。此事件后来虽被国家香蕉产业技术体系专家辟谣，但谣言伤农，此事件给蕉农带来的损失已无法挽回。	事件的真实走向可以让学生体会网上不当言论给他人带来的伤害，让学生对网络舆论有了更深层次的理解和感悟，渗透了社会责任核心素养。

续 表

教学环节	课 堂 实 录	专业点评
任务3：探讨植物生长调节剂在使用中的问题	**教师提问** 作为现代社会的年轻人，如何看待和处理各种网络舆论？ **学生回答** 学生1：不能随便听信网上各种言论，要科学地辨明事情的真相。 学生2：网络信息，真假难辨，我们要理性判断。 **教师总结** 当今社会，言论的自由使我们人人都有可能成为言论的发布者和传播者，言论的影响力也会因为网络的扩散而大大提高。网络谣言的根源是因为人们对事情真相的不了解，作为祖国未来的我们应具有理性和智慧，不信谣，不传谣，用自己的专业知识去了解真相，谣言自然会不攻自破。我们已经了解到植物生长调节剂现已广泛地应用于：生根、发芽、生长、矮壮、防倒、促蘖、开花、坐果、催熟、保鲜、着色、增糖、促芽或控芽、调节雌雄、抗逆等诸多方面，为农业发展做出了重大贡献！ 但是在现实生活中也存在不规范使用植物生长调节剂的情况，所以在施用植物生长调节剂时，要综合考虑施用目的、药物效果、药物毒性、药物残留、施用时间、处理部位、施用方式、施用浓度、施用次数等问题。	

（三）教学反思

本课时的亮点主要体现在三个方面：一是紧密围绕单元情境，以菜豆生产实践中的各种问题为引子，通过育果、育株、育茎芽、育人，一步步落实次位概念的建构。二是在教学策略上，本课时突出了探究、体验、分享，从而引导学生自主学习。我将"探究乙烯利对水果的催熟作用"活动前置，让兴趣小组课前自主查找资料，合作探究，完成活动，并在活动中及时发现问题并改进，事后学生依据实验结果进行理性分析，发展了科学思维与实操能力。三是在教学过程中，以情境引发问题，以问题引导活动，以活动促进了知识内化与社会责任感的提升。乙烯利事件可以让学生对网络信息的甄别有了更深层次的理解和感悟，渗透了社会责任核心素养。

本课时存在的不足之处：一是探究活动只是针对兴趣小组，参与面不够广。如果让所有学生参与进来，效果会更好。二是我对活动的评价过于简单，不够深入、细致。三是学生本身对于生长调节剂的了解甚少，我对此缺乏引导。如果课前进行了相关资料的查阅，学生在活动中应该更能"有据可言、有话可说"，如此课堂会更加丰满。

（四）总体评析

本课时是单元5的第四课时，学生通过前面课时已初步了解植物激素的特点和植物激素在植物各项生命活动中的作用，为本课时的学习奠定了基础。此外，本课时也为课时 5 的学习提供了一定的知识支撑。教师通过引导学生把已有的理论知识与生产实践紧密联系，实现从理论到实践的过渡。本课时的教学设计和课堂实施表现出以下特点：

1. 任务驱动，稳步推进教学进程。

学科素养的达成不是一蹴而就的，而是一个循序渐进的过程。本课时以"育果—育株—育茎芽—育人"为主线，以任务驱动学生活动，有目标地稳步推进教学进程。学生基于菜豆生产实践的各种资料，解读植物生长调节剂的实际作用；基于植物生长调节剂的功能分析无籽果实的培育，提高运用生物学知识解决实际问题的能力；基于网上流言的辨别活动，发展社会责任意识。这样的教学设计，不仅能有效促进生物学概念的建构，还是生物学学科核心素养逐渐发展的良好载体。

2. 运用课堂生成，链接社会话题。

生物学教学是源于生命和生活的教学，生物学知识来源于实践又服务于生活。本课时通过乙烯利催熟水果的探究性实验过渡到"乙烯利使儿童性早熟"的社会话题，再到网络谣言伤农事件的呈现，使得植物生长调节剂的安全问题深入到学生的生活中，同时引导学生客观、理性地甄别网络信息。这不仅较好地体现了在现实生活中学习生物学知识、建构生物学概念的教学理念，而且有利于培养学生的社会责任感。若干年后的他们或许已忘记具体的生物学知识，但这些观念和意识将会伴随一生，这也许就是大概念教学的意义所在。

3. 改进建议。

多元的实验评价手段能有效地提高评价结果的可信度，更好地发挥教学评价的激励作用。因此，建议教师增加一个对探究性实验操作的形成性评价量表，让实验组同学及评价组同学都能基于评价量表反思自己实验操作的规范性和设计的合理性。

（本课时由浙江省岱山中学张海楠、柴君波老师设计，由柴君波老师执教）

课时 5　光、重力和温度等环境因素参与植物生命活动的调节

（一）课时概念解析

本课时的概念为"其他因素参与植物生命活动的调节，如光、重力和温度等"，该概念的建构需要以下基本概念或证据的支持：

1. 向性运动包括向光性和向重力性等，是植物针对环境信号做出改变局部生长方式的反应。

2. 植物的生殖受到光周期及温度的调控。

（二）课堂实录

教学环节	课　堂　实　录	专业点评
关联单元情境，提出核心问题	创设情境　植物的向光性是植物在单侧光刺激下做出的反应，是一种常见的向性运动。那么植物还有其他向性运动吗？除单侧光外，重力和温度等其他环境因素会影响植物的生命活动吗？我们先来看一段视频，了解菜豆根和茎的向性运动。 核心问题　环境因素如何调节植物的向性运动？	根据单元情境下的子情境，教师引出核心问题，将情境中隐含的现实问题转变成学科问题。
任务1：探究植物根向重力性的机理	播放视频　视频：菜豆根和茎的向性运动。视频中，菜豆根不断地向地生长并出现了不对称生长现象，茎不断向上生长。 教师提问 ①植株的根和茎在生长上有什么特点？ ②根感受重力的部位在哪里？如何设计实验？ ③根进行不对称生长的部位是哪里？信号传递与哪种物质有关？ 学生活动 ①由向光性类比提出向重力性的概念。 ②运用假说-演绎法，结合实验材料，以小组为单位设计实验探究植物根部感受重力的部位。 ③根据生长素的作用特点，解释植物向重力性的机理，借助向重力性的主流假说来理解。 师生总结　根中感受重力的部位是根冠，根冠将重力信号转换成运输生长素的信号，造成生长素在根冠处分布不均衡，进而使运至伸长区的生长素也不均衡，近地侧多，远地侧少。根部对生长素较为敏感，高浓度抑制生长，低浓度促进生长，所以伸长区不对称生长，根向下弯曲，因此根具有向重力性。	基于前概念，学生解释了向重力性的机理，借助主流假说补充完善了根向重力性的机理，认同进化与适应观。
任务2：分析光周期对植物开花的调控	引导　植物的向性运动有利于植物生长发育。当营养器官发育成熟后，植物体就具备生殖的能力，静待花开。植物在什么时候开花呢？什么因素调控植物开花呢？ 教师提问　影响植物开花的环境因素有哪些？ 呈现资料 资料1：1920年，美国科学家加纳尔和阿拉尔特在温室大棚内研究美洲烟草：夏季长日照下，烟草株高达3～5 m也不开花；冬季短日照下，烟草株高不到1 m就会开花。 资料2：很多植物的开花与昼夜长短有关。例如，菠菜只有白天时长超过13 h才开花；菊、水稻则要在白天短于一定时长的时候才开花。当然，也有不少植物的开花与昼夜长短没有关系，如番茄、黄瓜、蒲公英等。 资料3：国庆节，普天同庆。舟山市花团锦簇，其中少不了观赏效果很好的短日植物菊花、短日植物一品红、短日植物蟹爪兰、日中性植物蒲公英、长日植物花仙子、长日植物郁金香。 资料4：《十二月花名歌》。	分析植物开花的影响因素可以提高学生对信息的处理和分析能力，可以让学生认识到植物的一切表象都由其内在的一套机制在起作用，从分子层面了解光周期对植物开花等光周期现象的调控，树立结构与功能观。

续　表

教学环节	课　堂　实　录	专业点评
任务2：分析光周期对植物开花的调控	**教师提问** ① 光周期和光周期现象的定义分别是什么？ ② 根据植物对光周期的反应，植物分为哪几种？ **学生活动**　根据资料思考、讨论问题。 小组讨论：全班同学分为6组（菊花组、一品红组、蟹爪兰组、蒲公英组、花仙子组、郁金香组），各小组结合已知信息，判断本组花卉在昼长为11 h的情况下，是否开花。 试改变光周期，让花仙子、郁金香在国庆节期间开花。（舟山10月份昼长为11 h） **呈现资料**　通过短时间暗室处理来打断短日植物如苍耳的光照期，发现其开花不受影响。但通过照光，哪怕仅仅几分钟的微弱光照来打断它的暗期，就能阻止它开花。 **教师提问** ① 控制植物开花及其光周期现象的是日长还是夜长？ ② 从夜长角度来看，短日植物和长日植物分别又称为什么？ **学生活动**　根据资料思考并回答问题。 **教师提问** ① 植物感受光周期的部位是哪里？如何设计实验证明？ ② 植物通过什么物质感受光周期的变化？ ③ 植物通过什么物质把光周期的信息传递到开花部位？ **学生活动**　以小组为单位阅读教科书，讨论并回答问题。 **师生总结**　短日植物实际是长夜植物，长日植物实际是短夜植物。叶片细胞中的光敏色素能够感受夜长，开花的信息通过成花素传递到植物的开花部位茎尖或叶腋处，还有一些mRNA、蛋白质也参与了这个过程。	生产生活实例的分析，可以检测学生的学习效果，提高学生运用生物学知识解决实际问题的能力。
任务3：分析温度对植物开花的调控	**教师提问**　受光周期调控开花的植物，当光周期相符后，一定会开花吗？ **呈现文献**　《低温及赤霉素GA处理对郁金香促成开花的作用》。 **学生活动**　结合科研人员的研究成果，认识到低温对植物开花的影响。 **呈现资料** 资料1：早期芹菜试验。 芹菜植株常温、茎顶端低温→开花。 芹菜植株低温、茎顶端常温→不开花。 资料2：春化作用一般发生在种子萌发或在植株生长的任何时期，植物感受低温刺激后，通过春化素把信息传递到开花部位，春化素还未被分离出来。未经低温处理的植物，用GA处理，也能开花。 **教师提问** ① 植物感受低温的部位是哪里？ ② 春化素就是赤霉素吗？ ③ 春化作用的意义是什么？ **学生活动**　小组阅读资料和教科书相关内容，讨论并回答问题。	关于春化作用的探讨活动有助于提升学生的社会责任感。

续 表

教学环节	课 堂 实 录	专业点评
任务3：分析温度对植物开花的调控	**师生总结** ① 春化作用是指某些植物必须经历一段时间的持续低温才能由营养生长阶段转入生殖阶段生长的现象，即低温诱导植物开花的过程。注意不是零下低温，因为春化作用是一个有活性的代谢过程。 ② 春化作用一般可发生在种子萌发或在植株生长的任何时期。 ③ 感受低温的部位一般在茎尖（茎端的分生组织）或某些能进行细胞分裂的部位，如种子。传递信息的物质是春化素，可能与赤霉素也有关。 ④ 春化作用是长期进化的结果，能使某些植物避免在秋季开花，能度过寒冷冬季而得以延续。	
本课小结和单元总结	**学生活动** 构建本课时概念图（图5-12）。 图 5-12 植物对多种环境信号做出反应 **教师总结** 综合本单元的学习和单元概念图（图5-1），我们知道了植物体是一个复杂的生命系统，能通过自我调节来保证自身的生长发育和繁殖，从而适应不断变化的环境。	教师运用单元概念图总结本单元的学习内容，以及本单元相关概念间的联系，帮助学生整体理解概念，学会概念的迁移应用。

（三）教学反思

本课时的亮点主要体现在三个方面：一是利用文献资料，逐级深化学生对概念的认知。例如在学习光周期和温度调控植物开花的过程中，我提供了丰富的资料，利用问题串引发学生思考，加深其对概念的理解。二是动手动脑相结合，推动科学思维的发展。学生分组构建长日植物和短日植物的光周期现象，进一步认识光周期；分步设计实验探究根部感受重力的部位，结合主流假说，完善对根向重力性机理的认识。三是联系生产生活实际，学生应用所学知识解决实际问题。我设置了国庆节花团锦簇的情境，学生分析真实情境中的问题，提出解决方案，学有所用，用有所得。

本课时存在的不足之处：我未能很好地掌握教学内容的广度和深度，如感受光周期部位和感受低温部位的知识是直接以教科书和陈述的方式呈现的，缺少深入建构知识的过程。学生获得知识的方式比较单一，虽然我设置了实验环节和活动，但也仅仅是纸上的实验设计，未能进行实际操作。最后，我留给学生的时间和空间也不充分，需要更多地进行生生互评，让学生在互相质疑和补充中解决实际问题。

（四）总体评析

教师关联单元情境，提出核心问题，并围绕"探究植物根向重力性的机理""分析光周期对植物开花的调控""分析温度对植物开花的调控"三个任务展开，引导学生通过思考，自主建构概念，并在此基础上运用概念图总结本单元的学习内容。本课时的教学设计和课堂实施表现出以下特点：

1. 问题驱动，引导学生主动思考，激发学习。

教师以真实情境引入教学，从稳态与平衡观、进化与适应观的角度，以小组合作讨论、师生互动、生生互动的形式引导学生分析"重力如何调节植物根的生长""根向重力性的机理是什么""光周期如何调控植物开花""温度如何调控植物开花"等问题，帮助学生主动思考并理解"植物生命活动受到多种因素的调节，其中最重要的是植物激素的调节"这一重要概念，引导学生树立科学的生命观念。

2. 通过环环相扣的活动，唤醒学生的主体意识。

教师以学习促进者的身份设置小组活动"判断长日植物和短日植物在国庆节期间的开花情况"，引导学生思考得出植物光周期现象的概念；最后利用实际问题"如何让花仙子、郁金香在国庆期间开花"的解决，检测了学生的学习效果，提高了学生运用生物学知识解决实际问题的能力。

3. 改进建议。

植物向重力性的机理和光周期现象、春化作用都比较抽象，多种植物激素的相关研究还不是十分成熟，这都限制了学生的探究深度。例如在学习"春化素是否为赤霉素"的过程中，教师只是利用文献引导学生学习"低温春化的作用与赤霉素不完全相同"这一内容，如果能让学生进行实际操作，那么理解效果会更佳。

（本课时由浙江省普陀中学李静静老师设计和执教）

主要参考文献

[1] 中华人民共和国教育部．普通高中生物学课程标准（2017年版2020年修订）[M]．北京：人民教育出版社，2020．

[2] 周初霞．聚焦重要概念的生物学单元教学理论与实践[M]．杭州：浙江科学技术出版社，2021．

[3] 周初霞．"五构概念"教学法在生物学单元整体教学中的实践研究[J]．生物学教学，2021（5）：5-8．

[4] 刘恩山．生命观念是生物学学科核心素养的标志[J]．生物学通报，2018（1）：18-20．

[5] 刘月霞，郭华．深度学习：走向核心素养（理论普及读本）[M]．北京：教育科学出版社，2018．

[6] 李艳华．巧设主线化情境，发展生物学核心素养[J]．生物学教学，2019（12）：17-19．

[7] 冯辉．多元化评价不能顾此失彼——引导学生开展有效自评、互评活动的问题诊断与实践指南[J]．青少年日记：教育教学研究，2017（1）：1．

[8] 郑舒美．化学学科促进学生深入思维的连续性问题情境的课堂教学模式研究[D]．北京：首都师范大学，2012．

[9] 周初霞，王红梅，李艳华．生物学单元整体教学中境脉架构模式的实践探索[J]．生物学教学，2021，46（7）：3．

[10] 谢立，申金娥，李静，等．指向物理核心素养的分解式实验探究——以"串联电路中的电压规律"实验教学为例[J]．物理通报，2021（2）：4．

[11] 徐建忠．指向科学探究的高中生物学整体教学设计[M]．杭州：浙江科学技术出版社，2021．

[12] 黄桂英．注重活动体验，让学生经历知识的形成过程[J]．新课程（教育学术），2017，000（006）：69．

[13] 刘恩山，曹保义．普通高中生物学课程标准（2017版）解读[M]．北京：高等教育出版社，2018．

［14］邬海月，刘恩山.国际视角下科学论证质量评价研究的现状与展望［J］.生物学通报，2017，52（5）：10-11.

［15］林溢琦.基于生物核心素养的单元教学探究［J］.教育观察，2021，10（27）：122-124.

［16］徐洪林，刘恩山.生物学教学中引入概念图策略的实验研究［J］.生物学通报，2003，38（3）：38-40.

［17］周振宇，盛群力.促进参与的"扶放有度"教学模式探索［J］.数字教育，2021（05）：1-8.

［18］刘志湖.基于以学论教的三位一体评价［M］.杭州：浙江科学技术出版社，2014.

［19］格兰特·威金斯，杰伊·麦克泰勒.追求理解的教学设计［M］.闫寒冰，宋雪莲，赖平，译.上海：华东师范大学出版社，2017.

［20］蒋进.由"前概念"到"科学概念"——高中生物学概念教学现状刍议［J］.中学生物教学，2020（2）：2.

［21］林恩·埃里克森，洛伊斯·兰宁.以概念为本的课程与教学：培养核心素养的绝佳实践［M］.鲁效孔，译.上海：华东师范大学出版社，2018.

［22］格兰特·威金斯，杰伊·麦克泰.理解为先模式——单元教学设计指南（二）［M］.沈祖芸，陈金慧，张强，等，译.福州：福建教育出版社，2021.

［23］迪伦·威廉.融于教学的形成性评价［M］.王少非，译，南京：江苏凤凰科学技术出版社，2021.

［24］浙江省教育厅教研室.浙江省普通高中学科教学指导意见［M］.杭州：浙江教育出版社，2021.

［25］周初霞等，聚焦重要概念的生物学单元教学课例研究 分子与细胞［M］.杭州：浙江科学技术出版社，2021.

［26］李润洲，指向学科核心素养的教学设计［J］.课程教材教法，2018（7）：35-40.

［27］谢国芳，刘娜，宋易，等.菜豆豆荚发育过程中内源激素与细胞壁代谢的关系［J］.园艺学报，2021，48（2）：11.

［28］赵晓菊，胡敏，梁彦涛，等.吲哚乙酸生物合成及其结合物水解的研究进展［J］.中国农学通报，2014（6）：254-259.

［29］潘瑞炽.植物生理学（第7版）［M］.北京：高等教育出版社，2012.